U0868531

岳麓書社

读名著　选岳麓

三十六计

孙建民　黄朴民　马　瑞　导读 注译

岳麓書社·长沙

前 言

一、谋略是制胜的智慧

恩格斯曾作过一个著名的论断："战争比和平发达得早。"（《马克思恩格斯全集》第46卷上，第47页，人民出版社1979年版）而中国古代军事理论家孙武千古不朽的名言："兵者，国之大事，死生之地，存亡之道，不可不察也。"（《孙子·始计》）也言简意赅地道出了人们致力于思考和研究制胜之道的全部理由。

在长期的战争实践中，人们逐渐认识到，战争的胜负虽然主要取决于作战双方的政治状况、军事实力、经济实力、自然条件等等，但要真正决胜千里，还必须充分认识和掌握战争规律，制定高明卓绝的战略战术，实施正确的战争指导。也就是说，战争不仅是力量的竞争与对抗，更是战争双方指导者智慧的角逐与较量。毛泽东就曾说过："军事家不能超过物质条件许可的范围外企图战争的胜利，然而军事家可以而且必须在物质条件许可的范围内争取战争的胜利。军事家活动的舞台建筑在客观物质条件的上面，然而军事家凭着这个舞台，却可以导演出许多有声有色威武雄壮的活剧来。"这一论断，无疑鞭辟入里地揭示了战争中物质条件与人的主观能动性的辩证关系。

谋略是智慧的储集、思维的灵动，展现着人类理性与智慧的光芒。在古今中外的战争史上，从来就没有过不运用谋略的战争。所谓军事谋略，就是在把握战争规律基础上产生的克敌制胜、巧妙用兵的最佳方法。正如现代战略学家利德尔·哈特所说:“军事谋略的第一个特征,就是要有能力区别哪些能够办到和哪些不能够办到的。”苏联军事理论家、《战争中的谋略》一书的作者 B.H. 洛博夫也说:“武装斗争的全部历史经验证明,任何时代和民族的统帅及军事指挥员具有军事谋略的才能有着重大意义。杰出的统帅之所以能获胜,其原因就在于他们不是把一种力量作为制胜的决定性因素。”的确,战争对抗不仅仅是敌对双方力量的对抗,也是敌对双方的战争指导者智慧和谋略的较量。如何在战争对抗的时空中进行创造性思维,充分运用智慧,准确地判断形势,区分轻重缓急,确立合适的目标,从而趋利避害,争取战争的胜利,就成为军事谋略的本质属性。

战争有规律,而谋略无定法。在激烈的军事对抗中进行智慧的比拼,需要的是不墨守成规,不拘泥于常法,大胆进行思维创新,进而克敌制胜。

二、“贵智尚谋”是中国兵学文化的特色

重视和运用军事谋略在我国已有几千年的历史。中国军事文化贬斥鲁莽灭裂的血气之勇,崇尚羽扇纶巾的运筹帷幄,把运用谋略取胜,“用力省而成功多”,甚至“不战而屈人之兵”作为用兵的最高追求和理想境界。于是,中国历代军事统帅和军事理论家,在从事战争活动时,反复强调“经武之略,在于贵谋”“攻人以谋不以力,用兵斗智不斗多”。他们既高度重视实力的建设,更推崇谋略的运用、战略的筹划,将高超谋略的运用视为两军对垒中代价最小、功效最大的一种斗争手段,力求做到以谋制敌,以智取胜。

综观中国传统兵学中的“谋”,其核心是将广施权变作为军事斗争的根本手段,将“诡诈”作为取得战争胜利所必不可少的条件,重在从谋略角度探讨战争的制胜机理。这其中,尤以孙子所总结的“诡道”

理论最为系统、全面、深刻，他提出的“诡道十二法”(“能而示之不能，用而示之不用，近而示之远，远而示之近。利而诱之，乱而取之，实而备之，强而避之，怒而挠之，卑而骄之，佚而劳之，亲而离之”）以及“示形”理论（“形人而我无形”“形兵之极，至于无形；无形，则深间不能窥，智者不能谋”），对诡诈之法和实施“诡道”的理想境界作了揭示。孙子的“诡道”理论受到了后世的高度重视，如明朝万历年间，尹宾商就曾写过一本有关“诡道”的专著《白毫子兵䍐》，此后，更出现了无名氏论述诡诈的专著《三十六计》。

三、《三十六计》的传奇身世

在中国古典兵学的谋略宝库中，《三十六计》是一本颇具传奇色彩的专讲军事谋略与诡诈之道的兵书专著。

说其颇具传奇色彩，是因为关于《三十六计》的作者、成书和流传过程至今还有许多谜团，难于考订。

目前所见的最早的《三十六计》版本，是 1941 年成都瑞琴楼发行、兴华印刷所排印的翻印本。该版本为小 32 开，土纸印刷。它根据的是同年从邠州（今陕西彬州市）一个旧书摊上寻得的一个手抄本，上题“秘本兵法”数字。至于其撰于何时，撰者何人，又由何人所抄，并无明言，而历代书目也不见著录。1943 年，叔和先生“在成都一个冷摊上”偶然得到了这个翻印本，并在 1961 年 9 月 16 日《光明日报》的《东风副刊》上予以介绍，这才引起了世人的关注。1962 年，叔和将翻印本赠给北京的解放军政治学院。同年，在原解放军政治学院任职的无谷 (姚炜) 先生，对该本作了译注和标点，由该院图书资料馆予以油印，供内部研究参阅。1979 年，吉林人民出版社又将无谷先生的《三十六计》译注本公开出版，译注者在前言中说：“目前手头尚未找到第二种本子。”此后出版界出版的种种《三十六计》，基本上依据的是此版本。

"三十六计"的说法最早见于《南齐书·王敬则传》。传载，南齐大司马王敬则起兵造反，齐明帝父子在宫中听说叛军即将杀到，仓皇欲逃。王敬则得报，说道："檀公三十六策，走是上计，汝父子唯应急走耳。""檀公"指的是南朝刘宋的大将军檀道济，其人以多智善谋而闻名，曾与北魏军作战，在粮草不继的困境中，以"唱筹量沙"的逼真表演迷惑对手，最后全军而退。这里的"檀公三十六策"，显然不是书名，而只是形容檀道济的足智多谋，"走是上计"也并非其中一个计策，而是讥讽他最擅长的是逃跑。

至于将"三十六计"作为书名，史乏明载。1962年，无谷(姚炜)先生在译注《三十六计》的过程中，最早提出《三十六计》成书年代"当在晚明或清代"的推断，并认为"与历史上的反清运动有关"。其主要根据是近人朱琳所著《洪门志》载有"三十六着"的名称，与现行的《三十六计》除个别计名略有不同外，其余都一致。朱琳还在附注中说"三十六着，又称三十六计，即三十六种计策，用兵处世，无往不利，所谓'神机妙算'，故称之为洪门哲学"。

这一说法得到马南邨（邓拓）先生的呼应。邓先生曾仔细研究过据成都兴华印刷所翻印本而重印的《三十六计》，他说："仔细一看，这个油印本的错字很多，文字也有许多地方不通，似乎可以断定它所根据的原本绝非古书，也不是名家高手所作。"因为，"古人所谓三十六计，原来并没有详细的内容，只是借太阴六六之数，表示阴谋诡计多端而已。后人加以推演，才出现了不同的解释"。(马南邨《燕山夜话·五集》)那么，这个"后人"到底是什么时候的人，是谁，邓先生也未作定论。后来，于汝波、于泽民、任力诸先生在此基础上又加以考证，认为从《三十六计》原文的内容分析，此书不可能出于一时一人之手。其正文部分可能成书较早，很可能是元、明时的文人附会《南齐书》等所记之言编撰而成。之所以推断其出现于元、明之时，主要依据有三：其一，此书计名所用的成语大都在元、明时广泛流传；其二，分类按条阐释兵法是明朝兵学的最突出特点；其三，运用《易》理推演兵法也以明朝最为盛行。

所以，大致可以认为，《三十六计》在明朝已经成书，而写成之后又长期秘而不宣，至近代才有好事者为之加按语并抄出公之于世。当然，其具体作者，至今仍然不得而知。

四、《三十六计》的体例

《三十六计》对计谋按数字排序，共36种计谋，每一计均由计名、解语、按语三部分组成。其中，“解语”主要是以点睛之笔指点本计的主要含义、适用条件和实施办法，文字极其简练。“按语”是对计名和解语的阐释和发挥，大多征引宋朝以前的战例加以印证。全书首尾还各有一段文字，原无标题，无谷先生在校注和标点时，按其性质分别标为“总说”和“跋”。

《三十六计》的主要着眼点是战场应敌的计谋、对策，而非有关战争的所有理论问题。正如《跋》中所说：“夫战争之事，其道多端。强国、练兵、选将、择敌，战前战后一切施为，皆兵道也。惟比比者，大都有一定之规，有陈例可循，而其中变化万端，诙诡奇谲，光怪陆离，不可捉摸者，厥为对战之策。三十六计者，对战之策也，诚大将之要略也。”即认为战争固然涉及方方面面的问题，但大都有一些可遵循的原则，有一些成功或失败的案例可资借鉴。面对充满迷雾、瞬息万变的战场情况，如何迅速判断形势，做出正确的决策以克敌制胜，是最为难办的，最挑战指挥员智慧的事。正如孙子所说“此兵家之胜（指挥的奥妙所在），不可先传也”。《三十六计》就旨在尝试解决临敌对阵之策。

同时，为了给人们提供对战之策，作者采取了“以易演兵”的论述方式，也就是运用中国古代经典《易经》所包含的哲理，作为谋略思想的依据，探讨三十六种计谋的机理。它开篇即讲：“六六三十六，数中有术，术中有数。阴阳燮理，机在其中。机不可设，设则不中。”这里说的“数”，就是《易经》所揭示的事物运动变化发展的规律，也称为“道”。这些规律存在于大到天地宇宙，小至人伦日用、昆虫草木等万事万物。所谓“术”，即规律的具体运用方式，在军事上指的就是谋略权变之术。作者认为，任何计谋都是从天地间最根本的法则中推演出来的，都应该是这些规律和法则的具体运用。反过来，各种计谋权变之术中，本身又包含着“数”——规律和法则。据古代兵法专家、军事科学院任力研究员统计，《三十六计》中，有 29 计解语的后半部分均引用了《易经》中的文字，其余 7 计的解语也涉及《易》理。这些内容为深化对计谋要旨的理解，准确判断面临的形势和对手的意图，以及选择正确的应对策略，提供了符合事物运动一般规律的思想方法和方式。（任力：《三十六计初探》，载《孙子兵法与战略文化：第六届孙子兵法国际研讨会论文集》，军事科学出版社 2005 年版）

五、《三十六计》的主要特色

作为一部影响广泛的谋略学专著，《三十六计》有以下特点：

其一，它围绕“兵不厌诈”这一军事斗争的普遍原则展开对军事谋略的探讨。全书的核心是一个“瞒”字。关于这一点，目前研究和评点的学者中，只有于汝波和于泽民两位学者加以关注，他们明确指出：“综观三十六计，其中心正是一个‘瞒’字，即全书都是讲如何诳骗的谋略。换言之，其余三十五计大抵是对‘瞒天过海’的分条论述。所以，此计具有总领各计、发凡启例的作用。……‘声东击西’‘暗渡陈仓’‘混水摸鱼’‘金蝉脱壳’‘偷梁换柱’等，从本质上说，都属‘瞒天过海’之术，但其‘瞒’的方法各有不同，内容各有侧重。”（于汝波、于泽民《三十六计解说》，第18—19页，金盾出版社1995年版）所谓“瞒”，就是进行战略欺骗、战役欺骗、战术欺骗，在用兵方向、兵力部署、战争时机选择、战法运用以及兵力兵器的使用上出其不意，真真假假，假假真真，做到“不可胜穷”，从而欺敌、误敌，造成敌人在行动上和心理上的措手不及。

其二，探讨了谋略的本质和规律。《三十六计》一书的作者在《跋》中明确指出：“三十六计者，对战之策也，诚大将之要略也。”而且认为对战之策虽“变化万端，诙诡奇谲，光怪陆离”，但并非不可捉摸，而是“有一定之规”的。至于这个规律，该书在《总说》中就做了总结与概括：“六六三十六，数中有术，术中有数。阴阳燮理，机在其中。机不可设，设则不中。”即谋略是无穷的，客观规律中蕴含着谋略（术），谋略根植于客观规律之中，矛盾双方对立统一，其间就包含着谋略的运用，这种认识方法和态度，无疑抓住了谋略的基本特征，揭示了谋略的本质，即所谓对策、谋略并不是不可捉摸的，而是在把握战争规律的基础上产生的。

基于以上思想方法，《三十六计》不但对前代的兵家谋略进行了总结和提炼，而且结合《易》理给予哲理性、创造性的发挥，从而在中国兵学思想史上占据一席之地。比如，《三十六计》中不少精彩的见解，就发展了前代兵家的谋略思想。如第二计“围魏救赵”的按语说：“治兵如治水：锐者避其锋，如导流；弱者塞其虚，故筑堰。”这就对孙子避实击虚、因敌制胜的思想做了进一步阐发；第四计“以逸待劳”的按语说：“兵书（指《孙子兵法》）论敌，此为论势。则其旨非择地以待敌，而在以简驭繁，以不变应变，以小变应大变，以不动应动，以小动应大动，以枢应环也。”是对孙子“致人而不致于人”思想的阐发。第三十一计“美人计”说：“兵强者，攻其将；将智者，伐其情。”

第十九计“釜底抽薪”说：“不敌其力，而消其势。”均发展了《六韬》不以实力相拼，采取各种手段以柔克刚的“柔武”思想。

其三，力求对军事谋略进行总体把握和分类。从结构上看，全书先是《总说》，然后是三十六个计策，并将其分为六套：胜战计、敌战计、攻战计、混战计、并战计、败战计。而这六套从性质上又分为两类，其中胜战计、攻战计、并战计为优势之计，敌战计、混战计、败战计为劣势之计。每套之中，有首尾次第，各套前后顺序也有精心安排，每计又分计名、计文、按语三个部分。当然，这种结构缺乏一定的内在逻辑性，未能形成严密的体系，有些分类不够专业，计与计之间在含义上也没有严格的辨别与界定，甚至还有重复雷同之处，有些计名名不符实，比较牵强，等等。但无论如何，它毕竟反映了作者构建军事谋略体系的努力。

其四，重视兵法与哲理的辩证关系，有丰富的军事辩证法思想。《三十六计》每一计的计文，一般是先讲兵法（即“计”），然后引用《易经》之语加以佐证，即“计”（兵法）是《易》理的具体运用，《易》理则对“计”的哲学依据和原理加以揭示。如此系统地以《易》演兵，推演兵法刚柔、奇正、进退、攻守、彼己、虚实、主客、劳逸等对立关系的相互转化，颇具朴素的军事辩证法的色彩。

其五，表现形式通俗易懂。《三十六计》在运用《易经》的哲理对兵法进行阐发和推演时，摒弃传统兵法的叙述方式，其对战争理论中其他重大问题如战争观、军队建设、作战指挥原则、战略战术等重大问题几乎不予涉及，也不去探讨战争指导规律，而是别出心裁，删繁就简，就事论事，重在实用性和可操作性。在表现形式上，书中所列各计的计名，如打草惊蛇、瞒天过海、围魏救赵、以逸待劳、声东击西、调虎离山等，或为中国历史上著名且人们耳熟能详的典故，或采用戏曲、小说中常见的成语、俗语，并用浅显和附有例证的按语，对各计的奥妙加以解说，从而以通俗、形象、生动的语言，将深奥的兵法原理深入浅出地表达出来，非常简明实用，让人们在欣赏这些易懂好记的兵法箴言时，能够更好地领会军事谋略的真谛。因而，此书一经发现和刊布，就广为流传，为社会各界所喜闻乐见。

六、如何评价《三十六计》

李零先生曾非常敏锐地指出，兵法是对人类智慧的挑战，作为一种思维方式，兵法有三大特点：一是在高度对抗中思维，“打仗是两军对抗，不是一厢情愿。我方的行动要取决于敌方，敌方的行动要取决于我方。在激烈的对抗中，我变敌变，敌变我变，瞬息万变。任何环节的改变都可能引发全局的改变，不可测的东西太多。特别是‘人心难测’，‘人心’是最大的变量”。二是“任何军事计划，都要落实到行动，在行动中修正，在行动中改变。不管事先有多充分的准备，多全面的调查，多周密的部署，都要跟着形势变。战斗需要的是马上接招，快速反应，而不是从容不迫，深思熟虑。思考，只是行动的一部分，甚至是一小部分，判断力胜于理解力”。三是拨开战争的迷雾永远只是理想，“在战场上，已知总是包裹在未知之中，未知常常大于已知，尽管指挥者都想多知道一点，敌情我情，尽量了解，也做不到算无遗策”（李零《唯一的规则：孙子的斗争哲学》，第24—25页，三联书店2010年版）。战争史上不乏熟读兵书、胸中万卷而临阵无方甚至屡战屡败的人物，赵括、马谡等人就留下千古笑谈，足见临阵对敌之难。而《三十六计》作为兵书将关注点放在“对战之策”，聚焦于战场应敌计谋的研究，无疑是独具慧眼的，也触及了战争中最具不确定性、最难把握、最惊心动魄、最充满魅力的领域。其所努力演绎的“兵者诡道”这一战争通则，其所提炼总结的一些计谋，不仅是敌我对抗的战争领域的重要原则，被战争实践所一再印证，而且也适用于其他所有具有竞争性的领域，诸如经济、外交等等。因此，即便对于纷繁复杂、变化万端的当今世界来说，《三十六计》仍然具有普遍的意义和旺盛的生命力。

但从军事理论的角度看，《三十六计》一书只谈计谋而不涉及军事领域其他重要问题，无疑有“谋略决定论”的弊端，而离开政治因素、军事实力来运用计谋，无疑是无根之木、无源之水。毕竟，决定战争胜负的根本，在于一个国家的综合实力。其所谓的“三十六计”，也只是借助太阴六六之数，来比喻阴谋诡计多端而已，并非说军事计谋只有三十六个。毕竟，战争史上对军事计谋的运用，千奇百怪，不胜枚举。从这个意义上讲，《三十六计》只是对前人谋略经验的部分总结，离作者所追求的军事谋略“集大成”的目标，尚有一定的距离。同时，《三十六计》一书各计所含内容，多属古代兵家诡谲之谋，并非全是锦囊妙计，终究难以和《孙子兵法》等正宗兵书相媲美。此外，由于其成书时间晚，而且主要在民间流行，所以其对中国兵学和中国战争史的影响可以说微乎其微。

尤其需要注意的是，兵学毕竟是对敌斗争的一些通则，切不可泛化为人类生活中竞争和人际交往的指导原则。近几年来，有关《三十六计》的书在市面上广为流传，冠以“三十六计”的各类出版物比比皆是，无所不包。有人甚至将其中的计策视为社会生活中应对一切事情的金科玉律和锦囊妙计，这无疑是对《三十六计》这一军事谋略著作的扭曲。对于此种现象，著名兵学专家吴如嵩先生早在20世纪90年代即严肃指出：“战争乃是阶级斗争的最高形式，是以消灭敌人，保存自己为其根本目的的。对敌斗争只讲‘诡道’不讲‘仁义’。也就是说，兵家权谋在本质上不同于政治权术、经营谋略、处世哲学、体育竞技等等。不可否认《三十六计》在军事原则通俗化、具体化、形象化方面有它不可轻视的功绩，然而把它和经营谋略乃至社会生活不加区分，混为一谈，就势必把人们引入歧途。现在，不仅我们中国的某些人广泛征引社会生活的事例来说明《三十六计》，一些外国人也乐此不疲，著书立说。中华民族是一个智慧的民族，决不是一个狡黠的民族；中华民族更是追求人格完善，注重道德修养，谦虚诚信的民族。这才是我们民族精神的主流。那种对什么借刀杀人、趁火打劫、笑里藏刀、隔岸观火等等极端诡谲的权谋不作分析地大加渲染和滥用是不妥当的。”（吴如嵩《制胜智慧》，中国青年出版社 1995 年版）吴先生的这一批评，至今仍有其现实意义。正是基于此，笔者在对《三十六计》进行评析时，着重从其本意即军事理论上加以分析，所举例证基本上也仅限于中外战争史上的战例。

古往今来，战争史上由于拙于谋略和“计”不如人而受敌欺骗并酿成大祸的史例屡见不鲜。今天，尽管战争条件已发生了天翻地覆的变化，信息化武器广泛运用于战场，作战系统构成更为复杂，战争方式今非昔比，但军事斗争敌我对抗的本质属性并没有改变，因此，“示形动敌”，“致人而不致于人”，掌握战争的主动权，仍然是制胜之道的灵魂，而全面运筹、灵活机动、随机应变，仍然是制胜的主要手段和方式。在这个意义上，如何秉承中国兵学“贵智尚谋”的优秀遗产并完成其在新时代的转换，法其意而不必拘泥于其辞，仍然是需要引起重视的重要课题。

目 录

总 说

原文

六六三十六,数中有术,[1]术中有数。阴阳燮理[2],机在其中。机不可设,设则不中。

译文

六乘以六是三十六,机数中隐藏有谋略,谋略中包含有机数。阴与阳和谐统一,相反相成,计谋即在其中。计谋不可以凭空设定,凭空设定往往招致失败。

注释

1 数:机数;术:谋略。

2 燮理:和谐统一。

按语

解语重数不重理。盖理,术语自明;而数,则在言外。若徒知术之为术,而不知术中有数,则术多不应[1]。且诡谋权术,原在事理之

译文

解语注重于揭示机数的奥秘而不注重于说明一般的事理。因为,一般的事理,自有常用的术语可以明白地加以解释;而机数的奥妙,却往往无法用言辞来描述。如果仅仅知道诡谋权术的外在形式,而不知道诡谋权术中所包含的一般规律,那

中,人情之内。倘事出不经[2],则诡异立见[3],诧世惑俗,而机谋泄矣。或曰:三十六计中,每六计成为一套。第一套为胜战计;第二套为敌战计;第三套为攻战计;第四套为混战计;第五套为并战计;第六套为败战计。

么,使用诡谋权术大都不能获得成功。何况,诡谋权术原本就存在于一般事理之中和普通人情之内。假如计谋违背了人情事理,就会立即表现出诡诈异常,引起常人的惊讶和疑惑,这样一来,计谋就暴露了。有人说:在这三十六计之中,每六个计组成为一套。第一套是胜战之计;第二套是敌战之计;第三套是攻战之计;第四套是混战之计;第五套是并战之计;第六套是败战之计。

注释

1 应:成功。

2 不经:指违背通常的人情事理。

3 见(xiàn):显现,出现。

第一套　胜战计

第一计　瞒天过海

导读

“瞒天过海”指用欺骗手段，暗中行动以达到预期目的。过去的研究者大多认为，该计名出自唐贞观年间唐太宗亲征辽东的故事。贞观十九年(645)，唐太宗亲率30万大军兵分三路进至海边，白浪滔天的大海令太宗不禁为大军如何渡海犯愁，遂召集各路将领询问渡海之计，将领们面面相觑，只有大将张士贵表示可以思考应对之策。数日后，当地一位乡绅请求见驾，声称愿为征辽将士提供军粮。太宗大喜，率百官随其来到海边，进入一间用彩色帷幕遮围得十分严实的屋子，室内陈设富丽堂皇，太宗一时兴起，与众将饮酒进食。稍后，忽听外面狂风呼啸，涛声如雷，屋内杯盏晃动，太宗忙令随从出去察看，不看则已，一看愕然，只见外面已是了无边际的大海。此时张士贵赶紧上前请罪：“陛下正随大军航行于大海之上，前往高丽。”原来，是薛仁贵想出此“瞒天过海”之计，他扮作乡绅，以供军粮为由，诱太宗来到经过巧妙装饰的船上，使太宗暂时忘记了凶险的海上风浪，从而克服心理上的恐惧，成功渡海。

但据《旧唐书》《资治通鉴》等史籍记载，唐太宗于贞观十五年(641)开始谋划征高丽，贞观十八年(644)七月开始进行战争准备，十一月进行兵力部署。陆路方面，以太子詹事、左卫率李世勣为辽东道行军大总管，礼部尚书、江夏郡王李道宗为副，率步骑及募士6万及兰州、临夏一带降胡，出柳城(今辽宁义县),趋辽东;海上方面,以刑部尚书张亮为平壤道行军大总管,率4万余人及战舰500艘,自莱州(今山东莱州)出海趋平壤。贞观十九年二月唐太宗亲率大军从洛阳出发,三月抵达定州,四月在幽州城南(今北京市南)誓师,五月率大军抵达辽泽。辽泽泥淖二百余里,人马不可通。但此前的四月初,大将军李世勣已经率主力渡过辽水。太宗到达辽泽后,由将作大匠阎立德布土作桥,大军得以渡过。从以上唐军的部署和进军情况看,唐太宗率大军走的是陆路,渡辽泽后与李世勣大军会合进攻辽东,根本未曾渡海;同时,贞观十九年六月,唐军开始辽东攻城战,在此战役中,薛仁贵的身份还只是一名普通的士兵,他自恃骁勇,欲立奇功,故意身穿白色衣服,呼叫着冲向敌阵,造成敌军的混乱,李世勣趁机挥军追杀,唐军取得胜利。因此功劳,唐太宗才提拔薛仁贵为游击将军。可见薛仁贵与唐太宗渡辽泽根本没有关系。

"瞒天过海"之"瞒",实际就是进行种种欺骗。无论是指导和谋划一场战争,或是指挥一个具体的战役、战斗,战争指导者都要善于以各种手段进行"瞒":隐蔽自己的企图,迷惑或引诱敌人,给对方造成错觉,为歼灭敌人创造条件。这种欺骗又分为战略欺骗、战役欺骗和战术欺骗。战略欺骗是在战略全局上伪装自己,对敌进行政治欺骗、外交欺骗、军事欺骗,己方则秘密地进行战争准备,寻找时机,达成战略突然性,出其不意,攻其不备,克敌制胜。战役欺骗是在战争或战役准备的目的、任务和主攻方向上迷惑敌人,以达成战役的突然性,使敌方战役体系遭到猝不及防的打击或破坏。战术欺骗则是在决定性的战斗中达成突然性,使敌方战斗体系遭到出其不意的打击或破坏,导致敌方战术指挥员惊慌失措,从而重挫其士气,以取得战斗胜利。

能否成功地进行"瞒",关键在于能否从心理上、信息上造成敌人的错觉,引导敌人作出错误的判断。因为,虽然战争双方都是在斗智斗勇,但人的思维活动毕竟常常受到认知习惯的制约,如先入为主、常见不疑、过度紧张或松懈麻痹等等。因此,只要精心策划,用貌似合理的假象示形动敌,就能使敌方的战争指导者麻痹大意,出现思维偏差和判断失误。比如,《孙子·计篇》就列出过著名的“诡道十二法”(能而示之不能、用而示之不用、近而示之远、远而示之近、利而诱之、乱而取之、实而备之、强而避之、怒而挠之、卑而骄之、佚而劳之、亲而离之),即欺骗手段和原则,设法对敌人进行分化,破坏其内部团结,使其在精神或士气上首先受到挫折,无力对我方行动作出有效反应。古往今来的战争史上,“瞒天过海”的战例不胜枚举:如吴楚柏举之战,楚汉战争中韩信的明修栈道、暗渡陈仓,第二次世界大战中德国的“闪击战”,日军偷袭珍珠港,盟军诺曼底登陆等等。

虽然“瞒天过海”并不一定能够保证战争的最终胜利,但是,它所达成的突然性往往对战争初期阶段实施首次突击意义巨大。从这个意义上,“瞒天过海”“攻其无备,出其不意”,是任何时代都不能忽视的战争指导原则。兵圣孙武曾一针见血地指出“兵者诡道”,在你死我活的敌我斗争中,在诡谲多变充满凶险的战场上,“兵不厌诈”是用兵的基本原则。所以,制造假象,隐蔽企图,不宣而战,出敌不意地达成突然性,正是“瞒天过海”的军事含义所在。

原文

备周则意怠;常见则不疑。阴在阳之内,不在阳之对。太阳,太阴。

译文

自认为防备得很周全,思想上就容易产生懈怠;对司空见惯的现象,人们往往不会产生怀疑。秘密通常隐含在公开的形式里,和公开的形式并不对立。最公开的形式往往蕴藏着最机密的内容。

按语

阴谋作为，不能于背时[1]秘处行之。夜半行窃，僻巷杀人，愚俗[2]之行，非谋士[3]之所为也。昔孔融被围，太史慈将突围求救。乃带鞭弯弓，将两骑自从，各作一的持之。开门出，围内外观者并骇。慈竟引马至城下堑内，植所持的[4]射之。射毕，还。明日复然，围下人或起或卧。如是者再，乃无复起者。慈遂严行蓐食[5]，鞭马直突其围。比敌觉，则驰去数里矣。

译文

谋略的制定与实施，不能在没人在的时候和偏僻的地方进行。半夜时分翻墙偷盗，在僻静的小巷里杀人，不过是愚蠢鄙俗的行为，绝不是高明的智谋之士所干的事情。从前孔融被敌人包围，太史慈准备突破重围去召求救兵。为此，他便携带着马鞭与弓箭，让两名骑兵各扛着一个箭靶随自己行动。他们打开城门出来，围城的敌军官兵都感到惊骇。太史慈却牵着马来到城下的堑壕内，插上带来的箭靶，练习射箭。射完后又返回城中。第二天还是如此，围城的敌人有的站着，有的躺着（不再去留意他）。这样连续几天下来，再也没有敌人起来观看了。于是太史慈就整好装，吃饱饭，策马出城门，突然催马加鞭，迅速冲出包围。等到敌人明白过来时，他已经跑出好几里地了。

注释

1 背时：趁着没人在的时候。

2 愚俗：愚，愚蠢；俗，庸俗，鄙俗。

3 谋士：智谋之士。

4 的：箭靶。

5 严行蓐食：整好装，吃饱饭。

战例

柏举之战：破楚入郢

春秋末期，吴王阖闾即位后，励精图治，整军经武，为与毗邻的楚国争霸做准备。

周敬王八年（前512），楚平王死，昭王继位。少主当政，大臣各怀鬼胎，政出多门，楚国内忧外患，矛盾重重。此时，伍子胥帮助阖闾创造性地制订了"翦楚羽翼、疲楚误楚"的战略计划：将吴国军队编为三支，轮番骚扰楚国，使楚军疲于奔命，军力消耗，又想方设法迷惑楚军（如向南佯攻越国造成吴国不会大举攻楚的假象），使其在判断和指挥上都发生失误。同时，再争取与楚国有矛盾的唐、蔡二国，使楚国北方门户洞开，为尔后避开楚军的防守正面实施突袭创造条件。然后，出动三军主力攻打楚国，将其一举击败。

阖闾采纳了伍子胥的建议，将吴军分作三支，对楚国连搞6年车轮战，楚军东奔西走四处防御，疲于奔命。时间一长，楚国君臣形成一种错觉，认为吴军只是骚扰，并无倾力进攻之意，遂对吴军放松了警惕。

周敬王十四年（前506）秋，时机成熟。唐、蔡两个小诸侯国背叛楚国，转而与吴国结盟，并要求联吴抗楚。唐、蔡虽是小国，但因处于楚之北侧，具有重要的地缘战略意义。吴与之结盟，便可避开楚国重兵防守的正面，实施千里大迂回，对楚国进行突袭，直捣其腹心。同年冬，阖闾亲率3万精锐大军，水陆并进，在伍子胥、孙武等人的协助下，溯淮水西进，趁楚军连年作战极度疲惫、楚国北部边境空虚之机，利用唐、蔡军为向导，由楚国防备薄弱的东北部边境进行战略突袭，兵不血刃地通过楚国北部的大隧等要塞险隘，直达汉水东岸。

楚军被动仓促应战，两军隔汉水对峙。

吴军采取后退诱敌、寻机决战的方针，由汉水东岸一路后撤。楚军果然中计，尾随不舍地从小别（今湖北汉川）追至大别（今湖北境内的大别山），但数次和吴军交手，并没有占到便宜，反而士气低落，疲惫不堪。吴军趁热打铁，在柏举（今湖北汉川北，另说在湖北麻城附近）列阵迎楚。吴军夫概王所部首先发起攻击，扰乱楚军大阵，吴王阖闾则趁机将主力投入战斗，重创楚军主力。经此一役，楚军全线崩溃，元气大伤。吴军则长驱直入，势如破竹，一举攻陷楚国国都郢（今湖北江陵），楚昭王出逃至随国（今湖北随州）。柏举之战以吴军的辉煌胜利而告终。

霸王行动：诺曼底登陆

1944年，第二次世界大战如火如荼。在西线，100万德军精锐之师坚守着一系列相互支援而又坚固的战略要点，面对英国构成“大西洋壁垒”。德军企图依仗这堵“壁垒”，在盟军从英吉利海峡渡海登陆时，以逸待劳，使盟军在滩头阵地全军覆没。面对种种困难，为达成登陆作战的突然性，盟军司令部进行了代号为“坚韧”的周密战略筹划，主要措施包括：

一、传递假情报，实施外交欺骗。盟军通过隐秘的方式，同德国在欧洲南部的巴尔干卫星国匈牙利、罗马尼亚等频繁接触，制造这些国家与德国的不和，并将这些情况通过特设的渠道及时地“泄露”给德国。这些外交行动，掩盖了盟军在西北欧登陆的真实意图，分散了希特勒在大西洋彼岸的兵力。希特勒误以为盟军可能在巴尔干地区登陆，而且认为那里的协从国有背叛德国的可能，于是从驻法德军中抽调了2个精锐的装甲师和1个精锐的步兵师前往巴尔干地区加强防御。

二、使用“空城计”以造势。盟军运用佯动和伪装行动掩护在诺曼底地区的登陆行动，将德军部署在北欧地区丹麦、挪威和芬兰等国的27个师牵制在远离诺曼底的地区。同时利用舆论工具（电台、报纸等）无中生有地报道“集团军”举行足球赛及其他各种联谊活动。这些虚假消息更令德国统帅部信以为真，遂加强了北欧挪威方向的军备。至诺曼底登陆前，德军共有3个陆军师、9万多海军部队、6万多空军部队、6000名党卫军以及1万多准军事人员在挪威信心满满地准备着对付盟军的进攻。

三、声东击西，假戏真唱。盟军在加来对岸的英格兰东南部，上演了一出由巴顿将军领衔主演的假戏，即指挥一支虚构的号称百万人的

“第一集团军群”，造成盟军将在加来登陆的假象：设置模拟登陆舰队、假兵营、假野战医院、假飞机、假大炮、假坦克停车场、假油料补给站，并不断散布要在加来地区登陆的假情报。此外，盟军飞机还加强对加来地区的轰炸，以显示由此处登陆的急切心情。于是，25 万德军死死钉住加来地区，而在诺曼底则仅留 1 个装甲师驻防。此外，盟军还利用其他多种欺敌诱敌之术来坚定德军的错误判断。直至盟军大规模登陆的当天上午，希特勒仍然认为加来地区是盟军的主要登陆方向。

1944 年 6 月 6 日清晨，几天来一直风雨交加、大浪滔天的英吉利海峡突然变得温顺无比。由整装待命的 5000 余艘盟军舰船组成的迄今为止世界历史上最为庞大的舰队，如神兵天降般突然出现在诺曼底海岸，一举击败猝不及防的德军。随后，盟军空降部队在诺曼底侧后着陆，顺利完成兵力渡送。经过 25 天的连续作战，终于实现了诺曼底登陆这一决定性胜利。

第二计 围魏救赵

导读

“围魏救赵”源于战国中期齐国军事家孙膑指挥的“桂陵之战”。

“围魏救赵”之计的核心是攻其必救,通过调动敌人,在运动中造成敌人暴露“虚隙”,从而达到主动歼敌的目的。

按照避实击虚这一战争规律,战争指导者只有根据敌我双方的客观形势和力量对比,先于敌人发现敌我双方各种潜在的优势和劣势,先于敌人采用各种手段以促使敌方潜在的优势得不到发挥,而使其潜在的劣势和各种不利因素发挥作用,由此避开对手长处,而攻其弱点,达到“以碫击卵”的效果,取得战争胜利。

当然,在军事上,“虚”与“实”的含义是十分丰富且富于层次的,如它既反映在战略层面上,也反映在战役、战术层面上,既可以指一个战略要地,也可以是一城一池。同时,虚实又有着主次之分。看似同为“击虚”,却有着高下之分。高明的战争指导者“击虚”,其高明之处就在于不仅能发现敌人的“虚”,而且贵在变敌之“实”为“虚”,利用现有条件甚至创造条件进行虚实转化,实现以实击虚。面对强敌,如果一味硬碰硬,就成了“敌阳”,这种攻坚战法势必使敌人处于以逸待劳的主动地位,己方胜算不大。相反,如果攻其虚处,就是“敌阴”,能够分散敌人的力量,削弱其反应能力,使其顾此失彼,失去正常判断,己方则可以实现“出其不意”的目的。同时,这种“攻其不守”的“敌阴”行动,还可以吸引、牵制、削弱敌人,己方则趁机掌握战争主动权,使战局朝着有利于我、不利于敌的方向发展,实现攻其不备、克敌制胜的目的。

可见,“击虚”的核心就是进攻既是敌人要害又是敌人防守薄弱的地方,用孙子的话说叫作“攻其所不守”。自孙膑创造性地使用“围魏救赵”战法以来,这一战法一直为历代军事家所推崇,成为他们用兵作战的重要指导原则和克敌制胜的重要谋略。

原文

共[1]敌不如分[2]敌;敌[3]阳[4]不如敌阴[5]。

译文

攻打兵力集中的敌人,不如先把它调动分散后再打;攻打敌人的强盛部位,不如攻打敌人的薄弱部位。

注释

1 共:集中。
2 分:分散,使分散。
3 敌:攻打。
4 阳:强盛部位。
5 阴:薄弱部位。

按语

治兵如治水:锐者避其锋,如导流;弱者塞其虚,故筑堰[1]。故当齐救赵时,孙子谓田忌曰:“夫解杂乱

译文

指挥作战如同治理水患:对于来势凶猛的敌人,要避其锋芒,这正如疏导水流;对于势力弱小的敌人,要攻其虚隙,这正如修筑堤坝堵塞水流。所以当齐国援救赵国时,孙膑对田忌建议说:“要解开一团

原文	译文
纠纷者不控拳[2]；救斗者不搏撠[3]。批亢捣虚[4]，形格势禁，则自为解耳。”	乱糟糟的丝麻绳索，不能用手生拉硬扯；要排解别人打架，自己不能动手参加。要避开敌人的强点，打击敌人的弱点，造成敌人不得不就范的客观形势，这样，赵都之围也就自然化解了。”

注释

1 堰：堤坝。

2 控拳：生拉硬扯。

3 撠（jǐ）：击，刺，抓住。

4 批亢捣虚：避开强点，打击弱点。

战例

“攻魏救赵，因败魏兵，千古高手”

齐、魏两国是战国中期东方和中原的两大强国。公元前354年，魏惠王派大将庞涓前去攻打北方的中山国。庞涓认为中山国不过弹丸之地，距离赵国又很近，不若直接攻打赵国都城邯郸，既可以使中山国失去后台，还可以借此削弱宿敌赵国的力量，实现一石二鸟之效。庞涓率领有500辆战车的大军直奔赵国，包围邯郸。魏国以主力攻赵，两军相持达一年有余。

邯郸危在旦夕，于是赵国向齐国求救。齐国君臣反复商讨权衡利弊后决定对赵施以援手。齐王任命田忌为主将，孙膑为军师，率齐军主力救援赵国。

当齐军进入魏、赵交界之地时，孙膑建议迅速向魏国国都大梁（今河南开封）进军，切断魏国的交通要道，攻其防备空虚处，如此，魏国必然被迫撤回攻打赵国的军队，回师自救，这样齐军既可解赵之围，又能使魏军疲惫，找到击败魏军的战机。田忌采纳了孙膑“批亢捣虚”“疾走大梁”的计策，统率齐军主力迅速向魏都大梁挺进，并切断魏军的退路，占据有利地形，逼迫魏军回救。魏国大将庞涓不得不以少数兵力控制刚刚攻下的邯郸，率主力回救大梁。这时，齐军已将桂陵（今山东菏泽东北，一说今河南长垣西）作为预设的战场，迎击魏军于途中。魏军长期攻赵，加上急行军，消耗很大，很快陷入了被动挨打的境地，溃不成军。庞涓仓皇逃回大梁，刚刚攻下的邯郸也得而复失。

经此一役，魏国实力严重削弱，齐、魏在东方形成战略均势，平分了东方霸权。而桂陵之战，也作为中国战争史上以弱胜强的经典战例被载入史册。毛泽东在读明人冯梦龙《智囊》一书时，对孙膑破魏之战曾非常赞赏地做出如下批注："攻魏救赵，因败魏兵，千古高手。"

毛泽东四渡赤水用奇兵

1934年10月，由于“左”倾错误路线和军事盲动主义的危害，中央红军已经丧失了全部苏区根据地，被迫实施战略大转移，形势极为严峻，甚至已到生死存亡的关头。红军长征到遵义并召开了遵义会议，结束了“左”倾路线的统治，重新确立了毛泽东在党和红军内的领导地位。面对强敌，毛泽东抓住蒋介石不让中央红军北渡长江与红四方面军会合的总的战略企图，利用敌人急于寻找红军主力决战的心理，毅然放弃了径直由黔入川的做法，连施巧计，数度迂回。

1935年1月19日，红军由遵义出发，兵分三路北进，准备从泸州至宜宾地段北渡长江。毛泽东指挥中央红军于29日在川黔交界处的土城附近第一次西渡赤水河，准备北渡长江。蒋介石急调川、黔、滇军阀和中央军围追堵截。毛泽东当机立断，将计就计，决定暂缓渡江，而指挥中央红军在川、黔、滇三省交界地区实行机动作战，继续造成红军欲北渡长江与红四方面军会合的假象。

2月7日，敌人调集主力向四川集结，封锁长江各重要渡口，并增派兵力欲对红军集结地实施分进合击，战略包围。毛泽东根据黔北敌军薄弱的情况，命令红军挥师东向，出其不意地从二郎滩一带二渡赤水，重入贵州，向黔北梓桐地区疾进，将合围之敌甩开，并向敌人防守薄弱的遵义疾进，于24日发起遵义战役，历时6天，歼灭敌人2个师和8个团，俘敌3000人，将蒋介石的重兵远远甩在后边，沉重打击了国民党军的嚣张气焰。

敌人两次扑空，损兵折将，这才察觉到红军主力已远走贵州，于是蒋介石亲自坐镇贵阳调兵遣将，妄图围歼红军于遵义地区。毛泽东再次将计就计，指挥红军故意在遵义地区徘徊，诱敌前来。蒋介石以为聚歼时机已到，命令各路人马火速赶往遵义，当敌人大军远道而来时，经过短期休整的红军于3月16日又迅速第三次渡过赤水，北上川南，第三次把敌人甩掉。

蒋介石三次扑空，很是恼怒，见红军在川南摆出准备北渡长江的架势，急忙调集大军沿江防堵围截，并大筑碉堡，决心聚歼红军于川南黔北。毛泽东遂指挥红军神速回师东进，从二郎滩等地向东四渡赤水，并以红九军团向北吸引敌人，主力分数路从敌重兵集团之间穿插疾进。随后，红军主力突破乌江天险，把敌人全部甩在乌江以北，直逼敌人防守空虚的贵阳，蒋介石急令位于黔西南大定地区的滇军主力驰援保驾。中央红军利用敌军空虚之机，绕过贵阳，疾进云南，直逼昆明。在昆明虚晃一枪即转向西北，5月中旬顺利渡过金沙江。至此，中央红军摆脱了几十万敌军的围追堵截，将尾追之敌全部甩在金沙江以南，彻底粉碎了蒋介石的美梦。

第三计　借刀杀人

导读

"借刀杀人"出自春秋时期鲁国子贡计除吴王夫差的故事。

春秋末期,齐简公兴兵伐鲁。鲁国实力不敌,形势危急。孔子的学生子贡分析形势,认为只有吴国可与齐国抗衡,可以借吴国的力量挫败齐国。于是子贡游说齐相田常。当时田常蓄谋篡位,急欲铲除异己。子贡以"忧在内者攻强,忧在外者攻弱"的道理,劝他莫让政敌借攻打弱小的鲁国获得功名扩大势力,而应先攻打吴国,借强国之手铲除异己。田常心动,但因齐国已作好攻打鲁国的部署,转而进攻吴国有点师出无名。子贡就说:"这事很好办。我马上去劝说吴国救鲁伐齐,这不是就有了攻打吴国的理由了吗?"田常高兴地同意了。

子贡立即赶往吴国游说吴王夫差:"如果齐国攻下鲁国,齐国的势力将更加强大,强大之后必将伐吴。大王不如先下手为强,联鲁攻齐,打败齐国后,吴国自然可以抗衡强晋,成就霸业了。"然后子贡又马不停蹄地游说越国派兵随吴伐齐,解决了吴王的后顾之忧。

子贡游说三国,达到了预期目标,他又想到吴国战胜齐国之后,定会要挟鲁国,鲁国仍会有危机。于是又偷偷跑到晋国,向晋定公陈述利害:"一旦吴国伐鲁成功,必定转而攻晋,争霸中原。晋国应该加紧备战,以防吴国进犯。"

公元前 484 年,吴王夫差亲自挂帅,率 10 万精兵及 3000 越兵攻打齐国，鲁国立即派兵助战。齐军中吴军诱敌之计，陷于重围，齐师大败，主帅国书及几员大将死于乱军之中。齐国只得请罪求和。夫差大获全胜之后开始骄傲狂妄，又立即移师攻打晋国。晋国因早有准备，顺利击退吴军。这样，子贡充分利用齐、吴、鲁、晋四国的矛盾，巧妙周旋，借吴国之“刀”，击败齐国；借晋国之“刀”，灭了吴国的威风。鲁国损失微小，却得以从危难中解脱。

“借刀杀人”的本意是自己不出面而借他人之手来除掉自己的敌人。

按照本计的解释，“借刀杀人”一计使用的时机和内容是：“敌已明，友未定，引友杀敌，不自出力。”这里的“敌”“友”“自”，都是内容十分宽泛的概念，是对任何时候战争态势下存在的三种力量关系的概括描述，因此此计的适应范围涵盖了战略、战役、战术各个层面。“借刀”可以理解为借用他人之力（“友”），即敌对双方之外第三者的力量，“刀”既可以是军事援助、外交支持、道义支持，也可以是建立同盟，甚至可以指营造有利于自己的各种态势。“借”包含多方面内容，如以逸待劳、因势利导、欺敌误敌等。至于“杀人”主要是指打击或消灭敌对的一方，它既可以指打败敌对的同盟、敌国、敌国的某支部队，也可以指离间和拆散敌国联盟，破坏敌人战略企图等。

“借刀”之所以能“杀人”，关键在于能否对“敌”“友”“自”三方利益关系有正确认识和把握。司马迁曾言：“天下熙熙，皆为利来；天下攘攘，皆为利往。”国家关系也是如此，没有永恒的敌人，也没有永恒的朋友，只有永恒的利益。因此能否准确把握和利用利益关系营造对自己有利的战略态势，实现自己的利益，是一门十分高深的学问。

在战略层面，每当出现多个政权分立、处于多极斗争态势时，实施“借刀杀人”，利用利益和矛盾关系以谋求国家的安全利益就是普遍的现象。因为，在存在各种不同力量的世界上，各方力量的消长和互为作用，导致战略格局的动态变化，此时“借刀”——制定正确的结盟政策，无疑是必要的。在战役、战斗层面，“借刀杀人”表现为利用矛盾进行分化瓦解、孤立和削弱敌人,团结一切可以团结的力量。总之,“借刀杀人”——利用第三者力量制造和利用敌人内部矛盾,是战争指导者牢牢把握战争主动权的重要手段。

“借刀杀人”说起来简单,实施起来却大有讲究。要想“借”得成功,首先必须发展壮大自身实力,主动创造各种有利条件,准确把握各方利益关系,对症下药,使己方处于主动地位,最终实现“杀人”的目的。

原文

敌已明,友未定,引友杀敌,不自出力,以《损》[1]推演。

译文

敌人已经明确,友方的态度还没有确定,要引导友方去和敌人作战,而不必消耗自己的力量,其间的奥妙可以用《易经·损卦》的道理来加以推演。

注释

1《损》:即《易经》中的“损”卦。此处意指借用盟友的力量去打击敌人,势必造成盟友的损失,不过盟友的损失可以换得自己的利益。

按语

敌象已露,而另一势力更张[1],将有所为,便应借此力以毁敌人。如子贡之存鲁、乱齐、破吴、强晋。

译文

敌人的本相已经暴露,而另一股势力正想改弦更张,希望有所作为,这时便应借助这股力量来摧毁敌人。就像当年子贡使鲁国得以保存、使齐国陷入混乱、使吴国走向灭亡、使晋国变得强大的做法一样。

注释

1 更张:指变更方针、计划、办法或态度。更,改换;张,给乐器上弦。

战例

长孙晟离强合弱平突厥

开皇元年（581），杨坚建立隋朝。建国之初，隋朝北有突厥汗国的袭扰，南有陈国与己对峙，可谓两面受敌。慎重权衡后，隋文帝杨坚制定了“先击突厥定北方，后伐南陈统全国”的战略。

同年，突厥因内讧分裂为五部，其中佗钵之侄摄图，号称沙钵略可汗，建牙帐于都斤山（今蒙古国杭爱山脉），在五部之中势力最为强大，且占据突厥腹心地带。面对突厥的骚扰，隋朝大臣长孙晟上书称：沙钵略可汗虽继位为首领，但其他四可汗（达头、大逻便、毗逻、步离）并不服他，摄图可汗之弟处罗拥有东部的奚（今蒙古国西拉木伦河上游一带）、契丹（今辽宁辽河上游一带）等地区，号称突利可汗。他在突厥虽很得人心，但为摄图所不容，受摄图的猜忌和排挤。另外，达头可汗人多势众，而地位反在摄图之下，表面上虽与摄图相安无事，其实两人积怨极深。另外，大逻便可汗则惯于游移骑墙观望。

鉴于突厥各部貌合神离、各怀鬼胎的现状，长孙晟提出可用计先让其自相残杀，互相削弱，然后再一举出兵征讨。杨坚采纳了长孙晟的建议，立即派使者前往突厥，在各部落间纵横捭阖、威逼利诱，扶此抑彼，进行分化瓦解。隋文帝先派太仆元晖带厚礼出使伊吾（今新疆哈密）结好西突厥的达头可汗，并故意将其使者的位次列在摄图可汗使者之上，对达头和摄图挑拨离间。同时，长孙晟又联络奚、契丹等部落首领，并诱使处罗归附隋朝。这样，隋朝顺利地将突厥各部中两个实力最强的可汗拉拢到己方。

开皇二年（582）五月，摄图以40万人马大举南下，越过长城，深入隋朝统治的腹心地带。但达头可汗不愿与隋为敌，撤兵回到伊吾，长孙晟趁机散布谣言，说漠北的铁勒等部族趁摄图大军南下之机反叛，将袭击摄图大本营，摄图为防后院起火，急忙回师塞外。次年，摄图又强拉大逻便入寇，但由于各怀鬼胎，未能成行。

这年四月，杨坚经过为期三年的准备，下令对突厥进行战略反击。行军元帅卫王杨爽率 22 万大军分三路出击突厥；河间王杨泓、夏州总管豆卢勣等率军 7 万，作为主力，以河套为主攻方向，打击摄图；幽州总管阴寿和秦州总管窦荣定则分别率隋军从东、西两翼出击，以策应中路大军。这次战争重创摄图军，攻下和龙（今辽宁朝阳）。

开皇四年（584），达头和摄图相继俯首请求和亲。此时，大逻便可汗却在其他各部突厥的互相攻伐中逐渐坐大。隋文帝继续实施扶弱抑强的既定战略，转而支持摄图以抑制大逻便，摄图感激不尽，上表称臣表示今后再不袭扰中原，且愿为隋朝戍守边疆。

这样，隋朝终于在避免大规模用兵的情况下，成功将突厥纳入朝贡体系，解除了北部边疆的威胁，从而可以腾出手对付南陈，从事统一大业了。

曹操“借刀杀人”定河北

建安七年（202）正月，在官渡之战中一败涂地的袁绍病逝。次年三月，曹操亲率大军以破竹之势攻占黎阳，兵临冀州城下，并于城郊击破袁军。大敌当前，袁氏内部矛盾一度缓和，袁绍的几个儿子袁尚、袁谭、袁熙以及大将高干等合力死守，致使曹军久攻不下。

曹操的谋士郭嘉提议：袁绍废长子袁谭而立幼子袁尚为继承人，废长立幼，定会造成袁氏兄弟之间的权力争夺。而袁绍手下的谋士郭图、逢纪各怀鬼胎，各拥一方。此时不如先引兵南下，佯攻荆州刘表，示之无意于河北，待袁氏内讧重起，再回军北上，扫平冀州。

曹操听从郭嘉之计，下令南撤佯攻刘表，暗中却部署贾诩守黎阳，曹洪守官渡。不出郭嘉所料，曹军刚撤到西平（今河南西平），探马飞奔来报，说袁谭、袁尚兄弟二人已经开战，袁谭兵败退出冀州。曹操遂挥师北上，大败袁尚，又杀死袁谭，从而将河北这一战略要地牢牢控制在自己手中。

不料之后袁尚、袁熙转而投靠辽东公孙康。曹操部将夏侯惇等人都劝曹操征讨公孙康。但深通兵法韬略的曹操思虑再三，决定再次运用“借刀杀人”之计，坐收渔人之利。他对部将们说：“我可以让公孙康斩了袁尚、袁熙的首级，自动送上门来。”

建安十二年（207）九月，曹操从柳城（今辽宁朝阳南）退军，行军途中，公孙康果然派人送来了二袁的人头。面对众将的不解，曹操解释：“公孙康对二袁一向心存疑忌，我如果操之过急地去征讨，反而促使他们抱团共同抵抗。相反，我撤兵回师，他们便会因各怀鬼胎、互相猜疑而自相残杀。”众将无不惊叹曹操的神机妙算。

第四计　以逸待劳

导读

“以逸待劳”一词出于《孙子·军争》：“以近待远，以佚待劳，以饱待饥，此治力者也。”意思是说：以我就近进入战场而待长途奔袭之敌，以我从容稳定对付仓促疲劳之敌，以我饱食之师对付饥饿之敌，这是掌握运用军队战斗力的基本方法。

“以逸待劳”之“逸”，指部队通过充分休整后精力旺盛，“劳”指因缺乏休整而精力疲惫。《孙子·虚实》对如何做到己“逸”敌“劳”作了具体说明：“凡先处战地而待敌者佚，后处战地而趋战者劳。故善战者，致人而不致于人。”意思是说：要使自己“逸”而敌人“劳”，在战场上居于主动，就要先于敌人占领阵地，利用有利地形，从容、主动地对付后到达战场，疲劳、被动而仓促应战的敌人。

理解“以逸待劳”这一计谋的原理并不难，难就难在如何通过积极的措施，指挥和调动敌军，转换敌我态势，从而使自己处于主动，使敌人陷于被动，在战争实践中真正实现“以逸待劳”。毕竟，军队的“强弱”“虚实”“劳逸”并不是一成不变的，战争指导者可以通过发挥自己的主观能动性使其发生转化。正如孙膑所说，敌人即使人数众多，只要战争指导者能谋善断，弱旅也可变成强军，“劳”也可以变为“逸”，同样，如果将领有勇无谋，劲旅也会变成弱军，“逸”也会转化为“劳”。

毛泽东曾点评春秋时的齐鲁长勺之战:“鲁与齐战,鲁庄公起初不待齐军疲惫就要出战,后来被曹刿阻止了,采取了‘敌疲我打’的方针,打胜了齐军,造成了中国战史上弱军战胜强军的有名的战例。”

原文

困[1]敌之势,不以战,损刚益柔[2]。

译文

要置敌人于被动困难的态势,不一定要采用直接攻击的方法,可以根据刚柔转化的原理,折杀它的锐气,使它变得虚弱。

注释

1 困:困顿,困难。

2 损刚益柔:语出《易经·损卦》。“刚”与“柔”本来是相对的,在一定条件下又可相互转化。兵法上是指在敌我双方总的力量不变的情况下,根据强弱相互转化的原理,先逐渐消耗敌人力量,使其由优势变为劣势,由主动变为被动,我方由劣势变为优势,由被动变为主动,这时再发动进攻,便能克敌制胜。

按语

此即致敌[1]之法也。兵书云:“凡先处战地而待敌者佚[2],后处战地而趋战者劳[3]。故善战者,致人而不致于人。”兵书论敌,此为论势。则其旨非择地以待敌,而在

译文

本计讲的就是调动敌人的方法。兵书上说:“凡是先占据战场迎击敌人的就主动从容,而后抵达战场仓促应战的就疲惫被动。所以善于指挥作战的人,总是能够调动敌人而不被敌人所调动。”兵书讲的是对敌作战时,怎样以逸待劳,争取主动;而这里讲的以逸待劳,是指如何因敌之势以制胜。所以,本计的要旨并非如何

以简驭繁，以不变应变，以小变应大变，以不动应动，以小动应大动，以枢应环[4]也。

选择作战区域以对付敌人，而在于怎样以简易的方法驾驭纷繁复杂的局面，以不变应付变化，以小变应付大变，以不动应付动，以小动应付大动，把握关键来应付周围事物的变化。

注释

1 致敌：即调动敌人。致，招引，引申为调动。

2 佚：通“逸”，安闲。指从容休整，养精蓄锐。

3 劳：疲劳。

4 以枢应环：指把握事物的关键，从容应付周围事物的变化。枢，枢纽，引申为事物的关键；环，四周。

战例

孙膑减灶擒庞涓

公元前 342 年，魏国联合赵国攻打韩国，弱小的韩国向齐国求救。

齐相邹忌竭力反对出兵救韩，田忌则主张立即实施救援。齐威王征求孙膑的意见。孙膑认为根据魏强齐弱的战略态势，应该先答应韩国的请求，以坚定韩国抗魏的信心，但最好在韩国无力支撑时再发兵前往，从而既让韩国感激涕零，又趁机谋取战略利益，推翻魏国的东方霸主地位。这一意见得到了齐威王的首肯。

等到韩国在魏军的攻击之下五战皆败，齐威王才以孙膑为军师、田忌为主帅率军前去救援。田忌按照孙膑的计策，不去韩国与魏军直接交战，而是率军直趋魏国国都大梁（今河南开封），迫使魏军主帅庞涓不得不撤军回国保卫国都。齐军趁机越过魏国边境，深入纵深地带。庞涓怒不可遏，不顾军队长期作战未做休整，下令三军日夜兼程火速赶回国都，与齐军决一死战。

孙膑针对魏军强悍善战，素来轻视齐军的情况，决定利用庞涓骄傲轻敌的致命弱点，实行“增兵减灶”之法，迷惑敌人。魏齐交战，齐军立即后撤。第一天，魏主帅庞涓发现齐军宿营之地的灶台足够 10 万人吃饭使用，心里不免还存有几分警惕，第二天再查发现灶台少了一半，遂又抖擞精神，第三天，一看只剩够 3 万人吃喝的灶台，更加忘乎所以地认为大半齐军已经丧胆而逃，于是他丢下步兵，亲率一支轻装骑兵，对齐军实施兼程追击。

孙膑判断魏军在日落后可到达马陵道（今山东郯城，一说今河北大名东南），此处地形险要，便于重兵埋伏。他挑选了 1 万名弓箭手，埋伏在马陵山道两旁，将深沟中一棵大树的树皮剥去，上刻“庞涓死于此树之下”几个大字。并命令弓箭手只要夜间一见到火光，就马上一齐放箭。当晚，庞涓率领追兵赶至马陵道，他隐约看见树上有字，就让部下点燃火把陪同自己前往细看，还没有看完，埋伏的齐军已是万弩齐发，魏军顿时惊惶失措，乱作一团，齐军大胜。

马陵之战是我国历史上一场典型的以逸待劳、设伏聚歼的成功战例。齐国从此在东方迅速崛起。

吴蜀彝陵之战

建安二十四年（219），关羽战败被杀，孙权夺回荆州。孙、刘矛盾激化。刘备全然不顾孙刘联盟抗曹的大局势，一意孤行，大举伐吴，要为关羽报仇。

公元221年七月，刘备亲率蜀汉大军数十万讨伐吴国。战争伊始，蜀军锐不可当。次年二月，刘备主力进抵猇亭（今湖北宜昌东）建立大本营，急于寻找时机，同吴军决一死战。

面对咄咄逼人的蜀军，吴军新任的年轻都督陆逊通过对双方兵力、士气以及地形等各方面条件的分析，认为蜀军兵势强大、居高守险、锐气正盛，吴军应先避其锋芒，再伺机破敌。于是下令全军撤退到夷道（今湖北宜都）、猇亭一线，然后在那里进行防御。这样，吴军完全退出了高山地带，把难以展开兵力的数百里长的山地留给了蜀军。

这时，蜀军由于长期跋涉于崇山峻岭之间，消耗极大，同时进至彝陵一带之后又遭到吴军的顽强抵御，不得不暂缓东进势头。双方相持数月后，蜀军斗志涣散。六月，江南一带进入盛夏，酷热难耐，蜀军叫苦连天。刘备下令将军营安扎于深山密林的阴暗潮湿之处以避暑热。蜀军连接40多座营寨，前后相距百余里。由于营寨都是由木栅建成，周围树木茂密，非常容易起火。这就给陆逊的“火攻”提供了便利，他令吴军乘夜袭击蜀军营寨，顺风放火。一时间，火光冲天，蜀军大乱，陆逊趁机指挥主力进攻。东吴大将朱然与韩当配合切断蜀军退路。吴军以迅雷不及掩耳之势大败蜀军，蜀军狼狈逃窜。

彝陵之战中，面对蜀军的绝对优势，陆逊能够冷静正确地分析形势，先退一步，保存实力，终于以逸待劳，伺机歼敌。刘备作为蜀国最高军政领导和前线主帅，虽然久历战阵，却由于意气用事犯下了恃勇冒进这一兵家大忌，千载之后，犹让人感慨不已！

第五计　趁火打劫

导读

“趁火打劫”出自清代徐珂《清稗类钞》:“有所谓趁火打劫者,临时之盗也。遇有人家失火,即约一二伴侣,飞奔入内,见物即取,或持之,或负之,或扛之。主人加以呵斥,则曰:‘将为汝寄顿于吾家也。’盖仓猝起意,利人之危而乘之耳。”原意是:趁火打劫的人,其实只是一些临时起恶意的盗贼。他们遇见有人家里失火,赶紧约上几个人,跑到失火的人家里面,见到东西就抢,有用手拿的,有用背背的,有用肩扛的。这家的主人训斥他们,他们就说:“想把你们家的东西先寄存在我家。”大概这是匆忙之间才起的恶念,乘人之危抢得利益。很明显,这个成语原为贬义。《三十六计》将“趁火打劫”用于军事上并作为“胜战计”之一,强调要抓住敌人内忧外困之机进行攻击,“胜于易胜”,以最小的代价获取最大效益。

在中国军事史上,乘人之危予以打击的军事谋略思想源远流长。但直到春秋晚期以后,这一思想才得到应有的重视。因为自西周到春秋前中期,人们在战争指导上更多地侧重“以礼为固,以仁为胜”“以仁为本”“正大不诈”等军事伦理,对军事行动进行种种限制。春秋后期至战国,上述情况已不复存在,战争指导上确立了“兵以诈立”的新观念,诡诈奇谲不再是“非礼”之举,避实击虚、兵不厌诈、攻其无备等成为公认的“武之善经”,乘敌之危也就成为天经地义的事。所以《孙子·始计》特别将“乱而取之”作为制胜方法之一，这些都是“趁火打动”一计的思想源头和理论依据。

至于如何“趁火打劫”，本计按语说得很清楚：“敌害在内，则劫其地；敌害在外，则劫其民；内外交害，则劫其国。”就是说：敌方有了内忧，就趁机发兵攻占其土地；敌方遭遇外患，就趁机劫掠其人民；敌方内忧外患交织，就趁机吞并其国家。这里的“内忧”主要表现为：因天灾或政策失误而导致的经济困难、民不聊生；因政治腐败而导致的民怨沸腾；因内战导致的国家分裂；等等。“外患”则指在国际关系中处于孤立局面、遭遇外敌入侵等。

使用“趁火打劫”之计，同样要发挥战争指导者的主观能动性。因为，所谓敌之“火”，即敌人的灾难和危机，并不总是一种已经形成的客观状态，常常需要“趁”者的积极促成。例如通过“变诈”，给敌方制造混乱，进行战略欺骗和误导，实施离间分化，使敌人战略失误，实力削弱，然后再乘机攻伐，谋取自己的利益。

原文

敌之害[1]大，就势取利。刚决柔也[2]。

译文

敌人面临巨大的灾难和危机，就应乘机出兵夺取胜利。这就是以强胜弱的策略。

注释

1 害：指敌人所遭遇到的困难、危厄的处境。

2 刚决柔也：语出《易经·夬卦》。此处意为强者能够战胜弱者。

按语

敌害在内，则劫[1]其地；敌害在外，则劫其民；

译文

敌人的危机在内部，就攻占其土地；敌人的祸患在外部，就劫掠其民众；敌内外交害,则劫其国。 ‖ 人内忧外患交迫,就一举吞并其国家。

注释

1 劫:攻伐,攻打,攻占。

战例

齐宣王“趁火打劫”灭燕国

战国中期，齐国除了向中原扩张外，还将矛头指向它的近邻——实力较弱的燕国，以便在与秦国的角逐中占据更多的优势。

周慎靓王四年（前317），燕王哙让位于工于心计的相国子之。子之即位3年后，燕国政局更加动荡，齐国见燕国内乱不止，遂起了趁火打劫的念头。

为了加剧燕国内乱，齐王派使者游说燕太子平：“我们齐王听说太子要整饬朝政，十分高兴。齐国虽小，不能追随左右，但乐意听从太子差遣，助燕国一臂之力。”燕太子平信以为真，不再担心齐国这一外患，放手发兵围攻相国子之，但遭到对方顽强抵抗，战事持续数月之久，死者数万，全国上下陷入一片混乱，燕国百姓怨声载道，纷纷逃往外国避乱。

齐王见伐燕的时机已经成熟，于是派匡章率军突然出兵大举进攻燕国。燕国因长期战乱，无力抵御齐军进攻，在齐军攻城时甚至连城门也没来得及关闭。结果齐军长驱直入，50天内便攻下燕国国都蓟（今北京），杀燕君哙和相国子之。齐国不费吹灰之力就取得了重大胜利。当然，后来因为齐军残暴，燕国民众不堪忍受，纷纷起来反抗，加上秦国等诸侯国担心齐国吞并燕国后势力膨胀，联合加以干涉，齐军在各方压力下只得撤出燕国。燕太子平复国后，经此遭际，励精图治，广招贤士，改革内政，才使得燕国逐渐复兴。

范文程献策定中原

明崇祯十七年（1644）正月，农民起义军领袖李自成在西安建国改元，渡黄河东征，向北京进攻，一路势如破竹。而崛起于白山黑水间的清朝，占领沈阳、辽阳等重要战略据点多年，势力扩张到辽河以西，在山海关外伺机而进。明朝、李自成农民起义军、清朝三大势力正在角逐碰撞，大明王朝已是大厦将倾。

是年三月，李自成攻破北京城，崇祯皇帝自杀，明王朝灭亡。形势的剧变，给山海关外的清朝提供了入主中原的战略契机。早前投降清朝的汉人谋士范文程慧眼识先机，写了一份战略献言——《入定中原状》，呈于多尔衮。范文程提出：一要先声夺人，决策入关，实现清朝由地方性政权向全国性政权转变；二要以“义师”旗号争取汉族地主、知识分子及百姓的拥护，以正确的政治策略指导和配合军事斗争；三要实行战略转变，将工作重心由过去的单纯内犯劫掠转变到一统天下上来。这篇具有发凡挈领意义的上疏，系统地阐述了入主中原的时机、目标、方式、步骤以及有关注意事项，帮助清朝统治者认清了入主中原的利弊得失，从而最终下定统一全国的决心。

当时，吴三桂受崇祯帝之命率军入京勤王，但行至河北丰润时，北京城已为李自成攻下，吴遂率军驻守山海关观望形势，并最终倒向清朝。为惩罚吴三桂，李自成率大军亲征，与吴军激战于山海关一片石一带，正当双方打得难解难分之时，多尔衮率领的清军作为有生力量突入战场，起义军大败。情况的突变令李自成措手不及，遂弃北京城向西撤退，后终于不敌吴三桂、多尔衮与南明三股势力合击，迅速失败。

明末天下大乱和由此造成的权力真空，更增加了种种机遇。在关键时刻，清朝成为最后的胜利者，由此揭开了中国历史新的一页。

第六计　声东击西

导读

“声东击西”出自《淮南子·兵略训》:“用兵之道,示之以柔而迎之以刚,示之以弱而乘之以强,为之以歙而应之以张,将欲西而示之以东,先忤而后合,前冥而后明。”意思是说:用兵的法则,要对敌人先装出软弱的姿态,然后以坚强的力量去迎击它;先装出弱小的姿态,然后以强大的力量去打击它;先集中兵力,然后再展开兵力;将要向西,先装作向东;先采取与自己的意图相反的行动去避开敌人,然后再去打击敌人;先隐匿自己的行动和企图使敌人迷惑不清,然后采取明确而突然果敢的行动。

“声东击西”,顾名思义,是通过“声”来迷惑和调动敌人,通过“声于东而击于西”示假隐真,加大虚实反差,诱导敌人出现主观判断失误和作战指导失误,创造有利于己方避实击虚的条件,牵着敌人的鼻子走。《三十六计》将“声东击西”专门列为军事谋略之一,着重强调:1.转移敌人目标,使其疏于防范;2.分散敌方力量,使其出现虚隙;3.松懈敌方意志,出其不意,攻其无备。

古今中外战争史上有很多“声东击西”的成功战例。之所以成功,无外乎以下几点:1.以表象掩盖本质,使敌人对我之虚实懵然无知;2.通过对敌“示”以错误之“形”,隐蔽己方真实意图;3.真、假交互使用,假作真时真亦假,真作假时假亦真;4.提前制订多种预案,万一被敌识破企图，也能迅速脱身。总之，“声”是手段，“击”才是目的，“声东”越逼真，就越能掩盖“击西”的真实意图，创造战机，达成战争的突然性。

同时，“声东击西”能否成功，关键在于能否造成敌人主观上的错觉。正如俄国军事家苏沃洛夫所说：“令敌吃惊则获胜。”毕竟，战场情况瞬息万变，这些变化正是作战指导者借以利用的契机，高明的将帅就在于利用敌我双方矛盾斗争和虚实变化的规律，巧用声势，导演出一幕幕战争的活剧。

原文

敌志乱萃[1]，不虞[2]，坤下兑上[3]之象。利其不自主而取之。

译文

敌方主帅神志混乱，缺乏应付突发事变的准备，这是积水高于地面，随时有溃决危险的征兆。这时应该利用敌人的犹豫不决、指挥无力，战而胜之。

注释

1 敌志乱萃：援引《易经·萃卦》中《象》辞“乃乱乃萃，其志乱也”之意。萃，通“悴”，即憔悴。“敌志乱萃”是说敌人神志混乱。

2 不虞：未意料，未预料。

3 坤下兑上：萃卦为异卦相叠（坤下兑上）。上卦为兑，兑为泽；下卦为坤，坤为地。有泽水淹及大地，洪水横流之象。

按语

西汉，七国反[1]，周亚夫坚壁不战。吴兵奔壁之东南陬[2]，亚夫便备西北。已而，吴王

译文

西汉时，七国叛乱，周亚夫坚守城池，拒不出战。当吴军扑向城池的东南角时，周亚夫却加强对西北的防御。过了一会儿，吴王的精兵果然来进攻西北，但因

精兵果攻西北,遂不得入。此敌志不乱,能自主也。汉末,朱隽围黄巾于宛,起土山以临城内,鸣鼓攻其西南,黄巾悉众赴之。隽自将精兵五千,掩东北,遂乘城虚而入。此敌志乱萃,不虞也。然则声东击西之策,须视敌志乱否为定。乱,则胜;不乱,将自取败亡。险策也。

汉军预有防备而无法攻入。这是由于面对敌人神志不乱,能正确做出判断、不为假象迷惑的结果。东汉末年,朱隽统兵将黄巾军围困在宛城,筑起一座土山,用来观察城内动静,朱隽擂鼓号令将士攻打城的西南角,黄巾军便全部向西南角集中。这时,朱隽亲自率领精兵五千,突然袭击城的东北角,于是乘城内空虚而攻入。这是由于敌人神志混乱,不能正确做出判断的结果。然而,实施声东击西的计策,必须根据敌人的神志是否混乱来决定。敌人神志混乱,用此策便可成功;敌人神志不乱,用此策将自取灭亡。这是一条冒险的计策。

注释

1 七国反:指西汉景帝时期发生的一次诸侯王叛乱。景帝即位后,御史大夫晁错提议削弱诸侯王的势力,加强中央集权。景帝采用晁错的《削藩策》,先后下诏削夺楚、赵等诸侯国封地,吴王刘濞就联合楚王刘戊、赵王刘遂、济南王刘辟光、菑川王刘贤、胶西王刘卬、胶东王刘雄渠等刘姓宗室诸侯王,以“清君侧”为名发动叛乱,由于梁国的坚守和汉将周亚夫所率汉军的进击,七国之乱在三个月内被平定。

2 陬:角落。

战例

耿弇声东击西灭张步

刘秀于公元25年在河北称帝，建元“建武”，但当时全国的形势对刘秀并不十分有利，他处于中原四战之地，被割据势力四面包围，如何削平群雄统一全国还有漫长的路要走。

在谋臣的辅佐下，刘秀权衡利害，制定了先关东后陇蜀，由近及远，各个击破的策略，并先拿山东“土皇帝”张步开刀，派年仅26岁的大将耿弇攻打张步。

耿弇率军到达历城（今山东济南历城区西南）附近。张步见汉军强大，不敢对阵，想采取以逸待劳的办法拖垮汉军。耿弇识破张步的如意盘算，于是并不急于进攻历城，而是令部队急行军绕过历城突袭祝阿（今山东济南长清区东北），再向巨里（今山东济南章丘区西）进发，首战取胜，歼灭张步军3万人，攻下40余营，平定整个济南郡。张步初战失利后令其弟张蓝率精兵2万坚守西安（今山东淄博临淄区西北），以万余人守临淄。二城相距40里左右，与剧县（今山东寿光南）一起构成“品”字形的防御部署。耿弇率军到此，发现西安城小而精兵云集，防御坚固，临淄虽兵力空虚，容易攻下，但若直接进攻，西安之敌必然前来增援，一时也难以取胜。

分析敌情之后，耿弇传令众将于5天后会攻西安。

消息传出，西安的张蓝信以为真，日夜加强防御，不敢松懈。到了第四天晚上，耿弇下令半夜让部队开饭，并在拂晓前赶往临淄城下。其他部将不解，耿弇说：“西安的敌军听说我们要进攻它，日夜防备。现在正忧虑其自身安危，哪里还顾得上临淄？我军出其不意进攻临淄，临淄守军必然惊惶失措，我军加紧进攻，一天之内就可攻下。攻下临淄，西安就成了孤城一座，张步、张蓝二军被我军隔断，敌人整体防御部署被割裂，必然放弃西安。这就是攻其一而得其二。”

于是耿弇军连夜突袭临淄，半日便攻下该城。张蓝听说临淄已破，遂弃西安而走。西安、临淄已下，无路可走的张步只好投降，山东遂告平定。

邓艾偷渡阴平道

三国后期，魏、蜀、吴鼎立并峙的局面因三方力量的消长变化而渐趋崩溃。其中，据有中原的魏国历经曹氏父子的创业守成和司马氏父子的竭力经营，军事力量十分强大。相比之下，蜀国在彝陵之战中大伤元气，诸葛亮谢世，后主刘禅懦弱无能，加之奸臣当道，朝政日非，江河日下。魏大将军司马昭通过对当时全国战略形势的分析，认为蜀已“师老民疲，我今伐之，如指掌耳”，决定先灭蜀后灭吴，进一步统一全国。决策已定，魏国便秘密从事伐蜀准备，但表面上却大造声势说要大举灭吴，以此来迷惑蜀国。

景元四年（263）夏，魏国部署18万大军兵分三路突然攻蜀。征西将军邓艾率兵3万余，进攻驻守沓中（今甘肃舟曲、迭部一带）的蜀国大将姜维。姜维等人退守到剑阁（今四川剑阁西），凭借此处易守难攻的险要地势拒阻魏军。

魏军屡攻剑阁不下，军心动摇。面对日益恶化的形势，魏将邓艾建议让大军从阴平绕过剑阁进攻涪城。自阴平至涪城，需翻越摩天岭，行于岷山的崇山峻岭之中，只有樵猎小道，极为险阻，大军难行，向不为人重视。如果魏军出阴平，姜维必从剑阁回救，如此则剑阁势孤易破，魏军可顺利从剑阁突入成都，如果姜维不回援，则魏军破涪城之后，可以切断姜维后路，也可直指成都。

魏国的决策者采纳了邓艾的这一计策，并由邓艾具体实施。

从阴平到涪城，高山险阻，蜀国并未在此设防。这年十月，邓艾率大军自阴平出发，令1万精兵在前开路，其余2万人运载军粮兵仗继后。行军途中邓艾身先士卒，遇到险绝处，“以毡自裹，转而下，将士皆攀木缘崖，鱼贯而进”。在克服了许多难以想象的困难之后，魏军终于通过阴平险道，神兵天降，到达江油。蜀国江油太守马邈突见魏军，大惊失色，不战而降。魏军乘胜进攻涪城，并又很快攻下绵竹。蜀军主力这时几乎全在剑阁，成都实际上无防守可言，加之魏军突然出现，后主等人惊慌失措，降旗投降，蜀汉灭亡。

第二套　敌战计

第七计　无中生有

导读

“无中生有”出自《老子》:“天下万物生于有,有生于无。”意思是:天下万物都是从“有”的状态中生长发展出来的,而“有”又是从“无”的状态生长发展出来的。

两军相争,关键在于对主动权和优势地位的争夺,而要夺取战争的主动权,其关键又在于兵圣孙武说的“上兵伐谋”,以最小的代价获取最佳效益。为此,孙武提出了一个基本原则——“兵以诈立,以利动,以分合为变”,也就是说,必须充分利用各种假象迷惑敌人,以利益调动和牵制敌人。尤其在总体力量对比敌众我寡的形势下,更要根据敌情变化,灵活实施战争指导,转变敌我态势,有计划地造成敌人的错觉,然后出其不意地予以攻击,从而“因敌而制胜”。

“无中生有”之计,正是对孙武“示形”理论的具体运用和概括。此计的核心在“诳”。因为,在扑朔迷离的角逐中,敌对双方斗智斗勇,无不虚张声势,力图通过制造和散布假情报干扰对方判断,使对方上当。因此,示形用诈,并严格保密措施,堵塞各种泄密渠道,做到“至事不语,用兵不言”,才能真正实现“无中生有”,使敌人对我方的主攻方向、兵力多寡等情况一无所知,处于全盲的状态。

战争史上“无中生有”的战例之所以屡屡成功,关键在于战争指导者真正摸透了敌方的心理,并能够对症下药,顺水推舟,假戏真做,做到“假作真时真亦假”。毛泽东就曾说:“错觉和不意,可以丧失优势和主动。因而有计划地造成敌人的错觉,给以不意的攻击,是造成优势和夺取主动的方法,而且是重要的方法……懂得这一点,劣势而有准备之军,常可对敌举行不意的攻势,把优势者打败。我们说运动之敌好打,就是因为敌在不意即无准备中。这两件事——造成敌人的错觉和出以不意的攻击,即是以战争的不确实性给予敌人,而给自己以尽可能大的确实性,用以争取我之优势和主动,争取我之胜利。”

原文

诳也,非诳也,实其所诳也。[1]少阴,太阴,太阳。[2]

译文

用假象欺骗敌人,并非是一味弄假到底,必要的时候还要变假为真,由虚变实,愚弄敌人。这就是《易经》中少阴、太阴、太阳三象相互转化、相互为用的道理。

注释

1 诳也,非诳也,实其所诳也:诳,欺诈、诳骗;实,实在、真实,此处作意动词。此句意为:运用假象欺骗对方,但并非一假到底,而是让对方把受骗的假象当成真相。

2 少阴,太阴,太阳:此“阴”指假象,“阳”指真相。

按语

无而示有,诳也。诳不可久而易觉,故无不可以终无。无中生有,则由诳而真、由虚

译文

“无”,却向敌人显示“有”,这是战略欺骗。这种欺骗不可以太久,容易被人察觉,所以,“无”不能一直“无”下去。无中生有,就是指由欺骗转为真实,变空

而实矣。无不可以败敌，生有则败敌矣。如：令狐潮围雍丘，张巡缚藁为人千余，披黑衣，夜缒[1]城下，潮兵争射之，得箭数十万。其后复夜缒人，潮兵笑，不设备。乃以死士五百斫[2]潮营，焚垒幕，追奔十余里。

虚为充实。仅靠“无”是不能打败敌人的，但“无中生有”就能打败敌人。例如，令狐潮率军包围雍丘城。雍丘守将张巡让士兵缚好稻草人一千多个，给它们披上黑衣服，夜里把这些稻草人从城墙上系着绳子吊放下去，令狐潮手下士兵争着向草人射箭，张巡获得箭镞数十万支。后来张巡又在夜间把人吊放下去，令狐潮的兵士看了发笑，不再设备防范。于是，张巡吊下敢死之士五百人，袭击令狐潮的大营，焚毁其帐篷营垒，一直追杀了十余里地。

注释

1 缒：系着绳子吊放下去。

2 斫：袭击。

战例

“八公山上，草木皆兵”

西晋灭亡后，司马氏凭借长江天险在江南建立东晋政权，以黄河流域为核心的北方则再度陷入混乱，各种势力争雄。其中，氐族领袖苻坚通过改革政治，发展经济，建立了前秦政权，成为统一北方的强国。但他日益刚愎自用，骄傲轻敌，急于消灭南方的东晋，一统山河。

苻坚在国内民族矛盾重重的情况下，踌躇满志地认为统一天下的时机已经成熟，于是征兵27万，号称百万，“东西万里，水陆并进”，兵分三路下江南，并夸出“投鞭于江，足断其流”的海口，根本不把长江天险放在眼里。

秦军大举来攻，东晋朝野震惊，当时，东晋水陆军加在一起也不过10万左右，双方兵力悬殊。秦军南下之初，一路进展顺利，遂以为南方不堪一击，想靠强大的军事威慑逼东晋投降，遂派东晋降将朱序前去劝降。但朱序心怀故国，他到了东晋后，一五一十地把前秦的虚实全部告诉了东晋方面，并劝东晋方面在苻坚大部队主力到达前线之前，迅速击退其前锋，挫其锐气。东晋主帅谢石立即决定以攻为守，夜袭敌方军营，致使秦军死伤甚众，晋军初战大胜。谢石乘胜水陆并进，与苻坚隔淝水对峙。

东晋的战略转变完全出乎苻坚意料，他原以为处于绝对弱势的晋军会束手待毙，没想到在此受挫，真是当头一棒，晕头转向，自己首先失去了正确判断的能力。苻坚登上淝水西岸的寿阳城，向东眺望，远望南岸晋军阵容严整，心中未免更加疑虑，加上不熟悉江淮一带的地形情况，遂误以为晋军背后连绵的八公山上的草木也是晋军兵马，不禁大生惧心，乱了方寸。

这时，晋军前锋谢玄又使出激将法，他派人请求前秦军队稍为后撤，以便晋军渡河决战。苻坚满以为可以在晋军半渡时予以袭击，便答应了东晋方面的要求，下令部队后撤。谁知秦军一退不可收拾，朱序趁势在阵后大呼“秦军败矣”，不明真相的士兵见前面的部队后撤，以为己方真的败了，于是只求逃命，自相践踏，遂至大溃。苻坚也在逃亡中受伤，不久身死国灭，北方地区重新陷入分裂状态。

英国远征军大摆“迷魂阵”

1940年6月初，世界反法西斯战争进入最艰难的阶段。轴心国的意大利墨索里尼政府依仗着自己拥有31万大军的数量优势，抢占苏伊士运河，意欲实现其“地中海帝国”的美梦。

对于英国来说，控制地中海有着至关重要的战略意义。因为穿越地中海的航线是维系帝国的“生命线”，所以英国驻扎在此的地中海舰队和中东司令部担负着保护苏伊士运河的重任。

1940年9月13日，西路意军5个师的部队从利比亚出发，沿着狭窄的海岸正面侵入埃及，抵达西迪巴拉尼，并沿着约81公里的海岸正面修筑一系列营垒，对英军的侧翼构成了重大威胁，英军处境危险。当时，英军中东司令部驻守在中东的地面力量只有3.6万人，且多数为后勤部队，此外，英国远征军的援军距离埃及尚远，不可能对战场进行有力的支援，与意军相比，实力悬殊。

为摆脱被动局面，英军急中生智，采取了虚张声势的计策。他们在沙漠上大摆迷魂阵：一是用数百个充气袋做成假坦克、野炮和载重汽车，以假乱真；二是突击修建假公路，制造坦克履带的痕迹。同时还找来大量阿拉伯人，让他们牵着带拖把的骆驼和马匹在公路上来回行走，掀起漫天尘埃，这样，从高空看去，就如同一支正在开进中的庞大的机械化部队。

意军果然上当。他们从高空拍摄的照片中认为，在意军右翼，英军已经集结了大量坦克、火炮，准备发动进攻。同时，他们还得到可靠的消息说英军的增援部队正在开进途中。为了避免英军从侧翼发动进攻，意军只得转攻为防。趁着意军疑惑不定、转入防御的机会，英军在稍做休整后立即调整部署，在意军防御薄弱处撕开一个缺口，接着，在得到增援后，又趁意军恐慌之际，大胆发起反攻。在英军的打击下，意军开始溃退，英军乘胜追击，沿利比亚沙漠向西推进了将近800公里，缴获了意军大量器械。

第八计　暗渡陈仓

导读

“暗渡陈仓”出自秦末楚汉战争中的韩信破赵之战。项羽封刘邦为汉中王并逼其离开关中，同时，还以秦朝的三员降将控制关中，防止其东进。刘邦在前往关中的途中，派人烧毁栈道，以防止诸侯军的袭击，同时麻痹项羽，表示无意再回关中。公元前206年，关东的田荣发动反楚战争，给刘邦还定三秦提供了有利条件。为隐蔽地做好进攻关中的准备，刘邦接受韩信的建议，大张旗鼓地派兵修复过去烧毁的栈道，以欺骗敌人，使敌人误以为刘邦要从栈道进攻关中，从而将敌人的注意力吸引过来，暗中却迂回潜出故道（今陕西凤县、宝鸡之间），然后突然东进，奔袭陈仓，一举打败企图阻拦的章邯大军，占领雍地（今陕西中部、咸阳以西和甘肃东部地区），实现了从战略防御向战略进攻的转变，为日后对项羽的大规模反攻打下了良好的军事基础。

“暗渡陈仓”是示假隐真、欺敌误敌，从而攻其无备、出其不意，达成战争突然性的成功战例。《三十六计》将“暗渡陈仓”专门列为一计，强调的是战争中要通过正面佯动、佯攻来迷惑敌人，分散敌人的注意力，以掩盖己方的真正意图和攻击路线以及突破点，达成出其不意的效果。这一用兵思想是对《孙子兵法》提出的“诡道”理论的继承。《孙子兵法》强调，为了实现先发制人和行动上的突然性，必须做到“兵不厌诈”，即利用各种欺敌误敌之法，伪装自己的企图，掩盖各种真相，造成敌人的错觉，导致其决策的失误，“乘人之不及，由不虞之道，攻其所不戒”。

在各种示假隐真、欺敌误敌之法中，佯动、佯攻是一种最为积极的调动敌人的方法，最容易造成敌人判断上的失误，同时，也只有“明修栈道”达成了欺骗敌人的目的之后，“暗渡陈仓”的军事行动才可以成功实施。现代战略学家利德尔·哈特曾说：“成功的将帅选择敌人最没料到的路线或行动方向，他利用抵抗力量最弱的路线。”因为，就一场规模巨大的战争准备和实施而言，再严格的保密措施、舆论误导和外交欺骗都不可能做到不露蛛丝马迹。因此，要对敌实施出其不意的战略性进攻，只有实行战略佯动这种积极行动才能迷惑敌人，才能使敌人对我方的真正意图和攻击方向产生错误判断，达成战争的突然性。

战争史上，通过战略佯动，在对手意料不到的时间、地点实施进攻，往往予敌以措手不及，以小的代价换取大的战果的例子不胜枚举。即使在现代高科技条件下，积极创造条件达成战略或战役的突然性，攻其无备，出其不意，仍然是夺取战争主动权进而克敌制胜的主要方法。

原文

示之以动[1]，利其静而有主[2]。益动而巽[3]。

译文

有意公开自己的行动，利用敌人坚意固守的机会，迂回侧击，乘虚偷袭。如《易经·益卦》中所讲的表面卑顺而暗中行动的道理。

注释

1 示之以动：示，给人看；动，此指军事上的正面佯动、佯攻等迷惑敌方的军事行动。

2 利其静而有主：意为利用敌人已决定固守的时机。静，平静；主，主张。

3 益动而巽：语出《易经·益卦》的《彖》辞：“益动而巽，日进无疆。”益，象征增益；巽，象征顺逊、顺达。

按语

奇出于正，无正则不能出奇。不明修栈道，则不能暗渡陈仓。昔邓艾屯白水之北，姜维遣廖化屯白水之南而结营焉。艾谓诸将曰："维今卒还，吾军少，法[1]当来渡，而不作桥，此维使化持吾，令不得还，必自东袭洮城矣。"艾即夜潜军，径到洮城。维果来渡。而艾先至，据城，得以不破。此则是姜维不善用"暗渡陈仓"之计，而艾察知其"声东击西"之谋也。

译文

奇以正为条件，没有正就不能出奇制胜。不公开修筑栈道，就不能暗中成功东出陈仓。当年邓艾屯驻军队于白水之北，姜维派遣廖化在白水之南扎营安寨。邓艾对手下将领说："姜维现在突然统兵来到，我军兵力单薄，按道理，他应该不等筑桥就渡河向我发起攻击，这是姜维让廖化在这里与我军相持，使我不能还军实施机动，而他一定是率主力东向袭击洮城去了。"于是邓艾当即连夜悄悄指挥大军，从小路赶回洮城。姜维果然前来渡河。因邓艾事先赶到，占据城池，使得城池未被姜维攻破。这一战例说明，姜维不善于运用"暗渡陈仓"的计策，而邓艾却事先察觉了姜维"声东击西"的谋略。

注释

1 法：此处指道理、常规。

战例

“临晋设疑，偷渡夏阳”——韩信破魏之战

楚汉战争中，刘邦于公元前205年四月攻下了项羽的大本营彭城。但是项羽立马调整部署，集中力量予以反击，使刘邦兵败彭城，项羽的北翼一时得以稳定，战局的发展开始对刘邦不利。

为开辟北方战场，刘邦于是年八月以韩信为左丞相率军进攻魏国。为了防御汉军的进攻，归顺于项羽的魏王豹立即进行战争准备，并把主力部署在黄河东岸的蒲坂（今山西永济西），断绝临晋通往蒲坂的交通，封锁黄河渡口临晋关，以阻止汉军由蒲坂渡河。而除蒲坂之外的其他渡口如夏阳（今陕西韩城南）一带等，则兵力寡弱，疏于戒备。

韩信探知魏军部署之后，认为魏军正面有重兵防御，从临晋强渡黄河已不可能，遂采取佯攻蒲坂、暗渡夏阳的声南击北、避实击虚的战术。他下令在蒲坂大肆集中船只，摆出一副要从临晋渡河的架势，暗中却调动军队，与曹参所率主力偷偷开赴夏阳，用木罂缶（一种口小腹大的木桶）快速渡河，魏军竟毫无察觉。曹参渡河后迅速向魏军后方重镇安邑（今山西夏县西北）直插，在东张（今山西临猗西南）大破魏军，攻克安邑。

汉军的奇袭行动，使魏王豹惊惶失措，他不得不迅速从蒲坂回师迎击韩信、曹参。这时，汉将灌婴则率军乘机从蒲坂渡河，向魏军发起追击。汉军前后夹击，大破魏军，牢牢控制了河东这一战略要地。

韩信在北方战场上的旗开得胜，既保证了关中根据地的安全，稳定了汉军正面战场的北翼，并以破魏所得精兵支援荥阳前线，增强了刘邦的防御能力，同时也为汉军的进一步北上、东下奠定了基础。应该说，在整个楚汉战争中，给项羽以最大打击的，莫过于韩信指挥的北方战场的这一系列大举出击。

埃军突破巴列夫防线

在 1973 年 10 月的第四次中东战争中，阿拉伯国家通过传统手段和现代技术相结合而达成的战略突然性，为现代战争史谱写了精彩的篇章。

在战前准备阶段，埃及、叙利亚两国为达成战略突然性，确保先发制人和确立自己的绝对优势地位，巧妙地采取了一系列战略、战役、战术伪装欺骗措施：

一是在外交上施放和平烟幕，转移对手视线，努力营造有利的国际环境。在发动进攻的 3 周前，埃及就已经争取到了 100 多个国家的支持。

二是严格保密措施，隐蔽进行战争准备。只有少数人知道具体战争计划，战前 6 小时才下达作战命令到师级军官，作战文书一律用手抄，不准打印和用无线电传送。

三是采取各种伪装措施欺骗敌方情报机构。包括频繁地借助例行演习，通过多前调、少后撤的方法逐次向运河增兵，使敌人常见不疑，悄无声息地完成作战部署；公开解除两万多名预备役军官的兵役；组织军官朝圣、外国大使参观等活动，给人以不会有战争发生的假象。

四是有利的季节条件。10 月 6 日是望月，入夜后，有 5 到 6 个小时的时间有月光，埃军正好可以利用夜暗渡河。

五是打破风俗习惯，精心选定双方的宗教纪念日 10 月 6 日开战，这一天是伊斯兰教的斋月节和犹太教的赎罪日，由于以色列全国停止一切社会活动（包括电视、广播等），致使其遭到袭击后不利于信息传播和动员。此外，这天也接近以色列国会大选（10 月 28 日），全国的注意力都在大选上。更为重要的是，这一天还是星期六，按惯例，军官可以离营外出。

以色列方面则认为埃及不会使用现代化武器，并对已方的侦察情报过于盲目相信，同时，前三次中东战争的胜利激起了以军中普遍的骄傲情绪，他们认为埃军根本不具备渡过苏伊士运河的能力，而已方重资修建的巴列夫防线相当坚固，驻守的兵力也较雄厚，埃军难以突破；更何况在当时的国际形势下，埃及绝无发动战争的决心和能力，而往常一盘散沙的阿拉伯国家也不可能团结起来对以色列发动大规模的进攻。

这些错误判断酿成了严重的后果。1973 年 10 月 6 日，在这个人们以为不会发生战争的日子里，埃及、叙利亚军队分别由西线、北线向以色列发起突然进攻，通过以军的防坦克壕，又迅速突破巴列夫防线，取得了战争初期的重大胜利。

第九计　隔岸观火

导读

“隔岸观火”出自唐代乾康的《投谒齐己》一诗:“隔岸红尘忙似火，当轩青嶂冷如冰。烹茶童子休相问，报道门前是衲僧。”此处比喻对别人的危难不去帮助，反而在一旁看热闹。

“隔岸观火”不过是一种形象的比喻，并非说对隔岸之“火”只可袖手旁观而绝不介入，相反，要获取利益，消灭敌人，必然要有所作为，如何既“观”又不至于引火烧身，就成为考验战争决策者的一个重要问题。

在实施“隔岸观火”之计时，首先要善于“点火”，设法使“隔岸”之“火”烧起来，大起来。这就要积极利用敌方的矛盾，积极制造和扩大敌方阵营的矛盾，促成敌对势力之间的争斗，在“火”烧起来之后，还要善于乘机取利。例如，战国时，韩、魏两国兵戎相见，打得难解难分。这两国地处中原枢纽地带，是秦国统一天下必须经略的战略要地，两国相争，对秦国极为有利，但如何插足两国纠纷才能实现控制中原的战略目的，秦国统治者必须制定高明的战略。谋士陈轸向秦惠王建议，韩、魏经过一段时间的战争后力量必然都要削弱，届时秦国再出兵收拾残局。秦惠王茅塞顿开，于是按照陈轸的计策按兵不动，等韩、魏两败俱伤之时，秦国趁机兴兵讨伐，一举擒“二虎”。

世间万事万物内部都包含着主次矛盾，而且，这两类性质的矛盾在一定条件下还可以互相转化。因此，利用次要矛盾向主要矛盾转化的机缘，或积极创造条件促成这种转化，往往是推动事物发展的捷径。在敌我对抗的军事斗争中，这种情况更为普遍。毕竟，任何敌对阵营内部都不可能是铁板一块，而是充满着各种利益冲突，这就为战争指导者因势利导、利用矛盾获取最大利益提供了广阔的空间。在这一意义上，"隔岸观火"一计无非是强调战争指导者应该敏锐捕捉、利用和激化敌方阵营内部的冲突与矛盾，一旦敌方内乱不止、自相残杀，这样不用直接出兵就能使敌方自我削弱，己方就能坐收渔利，或趁火打劫，消灭敌人。

相反，如果目光短浅，无视自身的根本利益和长远利益而使用"隔岸观火"之计，结果反而会损害自身的根本利益和长远利益。如第二次世界大战前夕和战争初期，英国首相张伯伦和法国总理达拉第心存侥幸，与希特勒签订臭名昭著的《慕尼黑协定》，妄图以牺牲捷克斯洛伐克等国的利益来换取和平，使德国不再威胁英法的安全，但他们的纵容和妥协，只是姑息养奸，德国很快撕毁《协定》，出兵占领了英法的盟国捷克斯洛伐克，而且不久又"闪击"波兰，灭掉法国，并对英宣战。这里，战略短视的"隔岸观火"所酿成的灾难是十分沉痛的，教训至为深刻。

原文

阳乖序乱[1]，阴以待逆[2]。暴戾恣睢[3]，其势自毙。顺以动豫，豫顺以动。[4]

译文

敌方内部不团结，秩序混乱，我方就暗中等待它发生变乱。敌人残暴骄狂，肆无忌惮，就势必自我毁灭。这就是《易经·豫卦》中所讲的，顺应事物自然之性而行动就会无所不得；要万无一失，就应该顺应事物自然之性而行动。

注释

1 阳乖序乱：此指敌方内部矛盾激化，以致公开地表现出多方面秩序混乱、倾轧。阳，指公开的；乖，违背，不协调。

2 阴以待逆：此指暗中静观敌变，坐待敌方更进一步的局面恶化。阴，暗下的；逆，叛逆。

3 暴戾恣睢：戾，凶暴，猛烈；睢，任意胡为。

4 顺以动豫，豫顺以动：语出《易经·豫卦》。《豫卦》的《彖》辞说："豫，刚应而志行，顺以动豫，豫顺以动。"意即豫卦的意思是顺时而动。正因为豫卦之意是顺时而动，所以天地就能随和其意，做事就顺当自然。

按语

乖气浮张，逼则受击；退而远之，则乱自起。昔袁尚、袁熙奔辽东，尚有数千骑。初，辽东太守公孙康恃[1]远不服。及曹操破乌丸，或说操遂征之，尚兄弟可擒也。操曰："吾方使康斩送尚、熙首来，不烦[2]兵矣。"九月，操引兵自柳城还，康即斩尚、熙，传其首。诸将问其故，操曰："彼素畏尚等，吾急之，则并力[3]；缓之，则相图[4]。其势然也。"或曰：此兵书火

译文

敌方内部出现争斗迹象，这时去逼迫他们就会遭到敌人的联合反击；这时远远地避开他们，他们内部自然会发生动乱。当年袁尚、袁熙兵败逃奔辽东，手下还有数千人马。起初，辽东太守公孙康仗着自己的辖区偏远，不肯服从曹操。当曹操战胜乌丸之后，有人劝说曹操顺便征伐公孙康，这样就可以俘获袁氏兄弟了。曹操说："我正在让公孙康自己斩下袁尚、袁熙的人头送来，就不必烦劳我们用兵了。"九月，曹操率兵从柳城返回，公孙康果然斩了袁尚、袁熙，送来了他们的人头。众将领向曹操询问事情的缘故，曹操说："公孙康素来惧怕袁尚等人，如果我用兵急攻，他们就会联合起来与我抗衡；如果我缓而不攻，他

攻之道也。按兵书《火攻篇》，前段言火攻之法，后段言慎动之理，与“隔岸观火”之意亦相吻合。

们就会自相残杀。这是形势所决定了的。”有人说：这是兵书中所讲的火攻的道理。根据兵书《火攻篇》，前面的内容为火攻的方法，后面的内容讲谨慎用兵的道理，与“隔岸观火”之计的意思也是相吻合的。

注释

1 恃：依凭，依仗。
2 烦：劳烦，劳驾。
3 并力：齐心合力。
4 相图：互相图谋，互相算计。

战例

光武帝“隔岸观火”定中原

西汉末年，政治腐败，农民起义风起云涌。刘秀是这场轰轰烈烈的农民大起义运动中的弄潮儿之一。他出身于南阳豪强地主集团，政治资本雄厚，本人又具备敏锐的政治才干和过人的军事韬略。绿林起义爆发后，刘秀与其兄刘縯一起，打着“复高祖之业”的政治旗号，组织地主武装，号称“舂陵兵”，与绿林军联合，汇入农民起义的洪流之中。更始政权建立后，他率军四处征战，多有战功，为推翻王莽统治做出了决定性的贡献。

随着革命形势的发展，起义军发生内讧，刘秀之兄刘縯被更始帝刘玄杀害。在这危急关头，刘秀以其成熟的政治智慧，忍辱负重，强作欢颜，与杀兄仇人巧妙周旋，终于重新取得更始帝等人的信任，谋到“破虏将军”之职，受命前往河北。

刘秀麾下谋士邓禹从当时关东各起义军、更始皇帝各方势力决策者的心理、军事能力等方面综合分析，得出天下分崩离析已是大势所趋的结论，他力劝刘秀招揽天下英雄，争取民心，逐鹿中原，重振高祖伟业。

邓禹“隔岸观火”的战略为刘秀理清了如何在乱世和身处弱势的情况下夺取天下的思路，也为刘秀的最后胜利制订了明确的努力方向和长远计划。这一建议洞察全局，把握枢纽，正确分析形势，并使刘秀尽量避免过早成为矛盾焦点，从而能够集中精力致力于河北这一根据地的经营，利用处于各种势力边缘的机会，发展壮大实力，待各方势力在残杀中削弱后再出面收拾残局，以弱胜强，席卷天下，争取事半功倍之效。刘秀正是依此策略，冷眼旁观群雄的火并。至公元25

年，刘秀羽翼丰满，遂即皇帝之位，号召天下。其后赤眉军进入长安，更始帝投降被杀，绿林势力被排除出去，而赤眉经与绿林争战的火并，亦大伤元气，加之关中残破无粮，又西向陇右，及至无所得再返长安，已几为强弩之末。刘秀这时候出来收复洛阳、关中，已是水到渠成，毫不费力，统一全国不过是早晚之事了。

可以说，正是按照邓禹这种“隔岸观火”的计策，刘秀才得以芟夷群雄，成就帝业。

美国在“一战”中的战略抉择

1914年6月28日，奥匈帝国皇储在萨拉热窝遇刺身亡。7月28日，奥匈帝国在德国的怂恿下对塞尔维亚宣战，第一次世界大战开始。

从1914年8月到1917年，双方各自将动员的数千万部队投入到这场人类历史上规模最大的厮杀中，随着战争进程的发展，战火还从欧洲蔓延到了各自在亚洲和非洲的殖民地地区。大战之初，处在大西洋彼岸的美国对形势做了全面分析，认为任何交战一方获得全胜，对美国都不利：如果协约国方面胜利，意味着欧洲大陆的大部分被俄国所统治；而一旦同盟国的德国胜利，德国将成为欧洲霸主，对美国构成巨大威胁。所以从自身国家利益来看，最好让欧洲分裂为两个势不两立的集团。鉴于这种分析，美国决定采取“隔岸观火”的策略，发表“中立”声明，宣布不介入战争，同时继续与交战双方进行贸易。

美国的“隔岸观火”策略取得了巨大成效。大战初期的几年中，美国顺利抢占交战双方的海外市场，军火贸易出口大幅度增加，并带动了钢铁、汽车、造船等其他工业的飞速发展。从1914年到1916年，其工业总产值由战前的242亿美元猛增到624亿美元。同时，美国还趁着交战双方无暇他顾之际，积极向拉丁美洲扩张势力范围。

后来，随着战局的发展，美国企图使交战双方长期保持势均力敌的目标已经难以继续，对外贸易也受到严重遏制。此外，1917年2月，俄国爆发了二月革命，美国担心俄国在革命后单独同德国媾和，而一旦俄国退出战争，协约国就有可能被德国打败，这样美国在协约国的上亿万美元的利益必将付诸东流。加之数年的战争已使交战双方精疲力竭，美国把握全局，权衡利弊，认为此时参战正是坐收渔人之利的大好时机。

1917 年 4 月，美国正式对德宣战，没收了停泊于其水域的德国船只，紧跟着又对奥匈帝国宣战。美国的参战立即改变了战争双方的力量对比，天平倾向于协约国一方。1918 年 11 月 11 日，德国投降。

历时 4 年多的第一次世界大战结束后，在欧洲主要交战国一蹶不振、百废待兴之际，美国却因大发战争财而一枝独秀，一跃成为战后帝国主义阵营中最强大的帝国。

第十计　笑里藏刀

导读

“笑里藏刀”出自《旧唐书·李义府传》:“义府貌状温恭,与人语必嬉怡微笑,而褊忌阴贼。既处权要,欲人附己,微忤意者,辄加倾陷。故时人言义府笑中有刀。又以其柔而害物,亦谓之‘李猫’。”可见,“笑里藏刀”一词一般用来指表面和气、内心阴险的两面派手法。诸如两面三刀、口是心非、口蜜腹剑、阳奉阴违等,均可视作“笑里藏刀”的行径。

在军事谋略上,“笑里藏刀”则指通过政治、外交等手段进行伪装,以欺骗、迷惑和麻痹对手,掩盖自己的战争企图和军事行动,暗中却加紧战争准备,不断营造有利的战争态势,一旦时机成熟,突然出击,一举歼敌。

在战争史上,“笑”的层次不一,方法也很多,诸如主动传达善意、曲意求和或战略上的韬光养晦,等等。如郑武公想攻打胡国,但为了使胡国不加防备,就先把自己的女儿嫁给胡国国君,以娱其意,当大臣关思期提议要攻打胡国时,郑武公不惜让关思期做“死间”,将其杀掉,这一消息传到胡国,果然解除了胡国的戒备之心,于是郑武公突然发起进攻,一举袭灭胡国。再如春秋时越王勾践的屈膝求和、卧薪尝胆更属战略层面上的“笑里藏刀”。

“骄兵必败”是人们所熟知的军事成语。在这些成功的“笑里藏刀”战例中,关键都是先让敌人解除对自己的疑心,相信自己的“笑”,从而掩盖自己将要挥“刀”的真实意图,这样,对手必然丧失警惕,志满意骄,判断失误,从而遭到出其不意的打击。

当然,“笑里藏刀”之计正如其他一切计策一样,是一柄双刃剑,我用的同时,敌人也在用。因此,对敌人的“笑里藏刀”更应引起警惕,要及时从蛛丝马迹中判断出敌人的真实意图,不致上当受骗,从而避免不应有的损失。对此,兵圣孙武在《孙子·行军》中就告诫过:“辞卑而益备者,进也……无约而请和者,谋也。”意思是说:敌人言辞谦逊,其实是正在进行战争准备;敌人还没有陷入困境却主动前来请和,这中间一定怀有不可告人的目的。如果能够从敌人的巧言令色中识破其暗藏的杀机,预做准备,临机应变,就不致在敌人发起突然袭击时惊惶失措,束手无策。

原文

信而安之[1],阴[2]以图之,备而后动,勿使有变。刚中柔外[3]也。

译文

使敌人对我深信不疑而安之若素,我则暗中图谋乘机袭击敌人,准备周密后再行动,不能因为己方的轻举妄动导致敌人改变部署。这就是外柔内刚的道理。

注释

1 信而安之:信,使信;安,使安,此指不生疑心。

2 阴:暗地里。

3 刚中柔外:表面柔顺,实质强硬尖利。

按语

兵书云:“辞卑而益备者,进也……无约而请和者,谋也。”

译文

兵书上说:“敌人派来的使者措辞谦卑而暗中却加紧战备的,是准备进攻……敌人还没有陷入困境却来议和的,是另有阴谋。”

故凡敌人之巧言令色，皆杀机之外露也。宋曹武穆玮知渭州，号令明肃，西人惮[1]之。一日，方召诸将饮，会[2]有叛卒数千，亡奔夏境。堠骑报至，诸将相顾失色，公言笑如平时，徐谓骑曰：“吾命也，汝勿显[3]言。”西人闻之，以为袭己，尽杀之。此临机应变之用也。若勾践之事夫差，则竟使其久而安之矣。

所以凡是敌人表面上花言巧语，笑脸相迎，都是暗藏杀机的表现。宋真宗时，曹玮担任渭州知州，号令严明，军纪肃然，西夏人十分惧怕他。有一天，他正在和众将领饮酒，恰好有数千名士卒反叛，逃奔到西夏国境内。侦察人员飞马来报，众将领面面相觑，大惊失色，曹玮却谈笑自若，一如平时，语气和缓地告诉报信的骑兵：“这些人是根据我的命令派过去的，你不要在公开场合再提这件事。”西夏人听说这一情况后，认为这些士兵是来偷袭自己的，就把他们全部杀死。这是曹玮善于临机应变的表现。至于像越王勾践忍辱侍奉吴王夫差，居然能使得夫差长时间里安之若素，失去了戒备。

注释

1 惮：害怕。

2 会：正好遇上，恰好。

3 显：公开地。

战例

吕蒙白衣取荆州

公元219年，蜀汉大将关羽率大军进攻魏军固守的樊城，消灭了城郊的魏军，但樊城却久攻不下，关羽很是心烦。恰在这时，从蜀军后方江陵送来了一份紧急情报：东吴孙权的虎威将军吕蒙因患重病，已从陆口（今湖北嘉鱼陆溪口，当时是东吴的军事重镇，与蜀汉的关羽防地相邻）返回建业（今江苏南京）治疗休养。不久，关羽又接到孙权新任命的驻陆口守将陆逊的书信，信中陆逊的姿态极为谦卑，吹捧关羽擒于禁、斩庞德、水淹七军等诸多战绩，恭维备至，更激发了关羽的刚愎自用，并使其放松警惕。关羽很快抽调一部分留守荆州用以防范吕蒙的部队，全力增援樊城前线。

关羽主力北进，正中吕蒙圈套，他马上向孙权建议趁关羽在荆州防备空虚之际快速夺取荆州，孙权采纳了这一建议，派吕蒙率水军溯江而上，直取荆州。东吴水军从建业出发后，很快悄悄到达浔阳（今江西九江）。在这里，吕蒙命令将士全部进入船舱隐蔽，让舱面摇橹的人都身着白色的百姓服饰，装扮成商贾模样，船队昼夜不停地向荆州进发。关羽对这支“商队”并未注意，吕蒙一帆风顺地到达了江陵附近的公安，并写信劝降了守城的傅士仁。船队到达江陵，吕蒙把傅士仁引到军前，守将糜芳一看就开城门投降了。这样，吕蒙不费吹灰之力就占领了荆州的两个军事要地。

吕蒙率吴军进城后，对江陵城内住着的关羽家属及全军将士家属妥善安抚。关羽听说荆州被袭，急忙撤兵南归回救。但南归途中，全军将士听说东吴善待蜀汉军人家属，都很感激，于是不想再与东吴对阵，士气不振。而吕蒙占领江陵后，孙权立即率大军跟进，关羽终因实力不敌败走麦城（今湖北当阳东南），并于十二月被杀，荆州遂由原来三家分据的局面改为孙、曹两家分据。

东吴之所以出其不意地收复荆州，关键在于对关羽成功地进行了“笑里藏刀”式的长期欺骗。可以说这是一次集保密、伪装、欺骗和突袭为一体的达成战略突然性的典型战例。

日军偷袭珍珠港

“一战”后，美国为了建立海上霸权，保护其在亚洲及太平洋地区的利益，以珍珠港为军事基地组建了一支庞大的太平洋舰队。珍珠港位于夏威夷群岛的瓦胡岛南部，距日本3600海里，水区面积32平方公里，可停泊各型舰艇500艘，是太平洋上的交通总枢纽，有“太平洋心脏”的称号，是日本对外扩张军力的重要障碍。

1941年，日、美矛盾日趋尖锐。1月7日，日本联合舰队司令长官山本五十六正式提出了偷袭珍珠港的设想，并在接下来的几个月内制订出了作战计划。

日方为隐蔽战争企图，达成战争的突然性，在加紧进行战争准备的同时，采取了谈判、伪装、保密等一系列措施，从而成功地麻痹了美军。

首先，不断施放和平烟幕。战前，日方任命美总统罗斯福的私人朋友、日本海军上将野村为日本驻美大使，同美国就日美在太平洋的利益举行和谈。此外还通过其他多种渠道表达和平诚意，以此来麻痹美国。

其次，采取多种手段隐蔽行动企图，却在暗中积极筹备战争。日本突击舰队在行进中保持无线电静默，反而让日本内海的舰队进行频繁的电台联络以掩人耳目。当突击舰队悄悄向珍珠港逼近时，日军数千人正在东京参观游览，一片安宁祥和。事实上早在11月的中、下旬，日军就已经在美军毫无知觉的情况下驶向夏威夷海域并完成了相关作战部署。

其三，选择出其不意的突袭日期——夏威夷时间12月7日，星期天。按惯例，太平洋舰队都要从训练区域返回，大部分舰艇停泊港内，官兵上岸休息，防守最为松懈。

7日，美共有战列舰8艘，巡洋舰9艘，驱逐舰20艘等共96艘舰艇全部锚在珍珠港，还有数百架飞机毫无遮蔽地停于机场。早晨，官兵有的正在吃饭，有的已上岸度假，闲适从容。

谁也没想到，7时50分，51架俯冲轰炸机、40架鱼雷飞机、49架水平轰炸机和43架战斗机共183架飞机组成的日本第一攻击部队，迅速飞进瓦胡岛上空，展开队形，飞向预定攻击目标，轮番轰炸和扫射，7时58分，大批日本鱼雷飞机集中攻击港内的太平洋舰队。5分钟之内，瓦胡岛美国空军力量陷入瘫痪。8时55分，第二批突击机群对珍珠港进行了再度轰炸。与此同时，潜入港内的日本特种潜艇也发射鱼雷攻击。9时30分，突袭结束，在历时1小时50分钟的突袭中，日军共投下鱼雷50枚，炸弹100多吨，炸沉美各类舰艇40余艘，占珍珠港舰艇总数的一半，并击毁美军飞机180架（一说270架），占太平洋舰队飞机总数的一半，毙伤美军官兵3400多名。美太平洋舰队受此重创，几乎全军覆没，在近半年的时间内都未能恢复作战能力。

第十一计　李代桃僵

导读

“李代桃僵”出自南宋郭茂倩的《乐府诗集·鸡鸣》:“桃生露井上,李树生桃旁。虫来啮桃根,李树代桃僵。树木身相代,兄弟还相忘!”意思是说,桃树和李树于危难之际尚能患难与共,而兄弟至亲为什么就不能互相帮助?后人借用其意,用以比喻做出牺牲或代人受过。

《三十六计》将“李代桃僵”作为军事谋略之一,主要是指在军事斗争中,要以局部的、暂时的损失去换取全局的、长远的胜利。

孙子说:“兵以利动。”一切军事行动都是为了争“利”,但这种“利”却有着眼前与长远、表面与根本之分。因为,在激烈的敌我对抗中,“全胜”“不战而屈人之兵”固然最为理想,但这只是战争指导者应该努力追求的一种境界,在现实中是非常难以实现的,于是,如何“战胜”,就成为战争指导者的现实课题。

这就要求战争指导者科学处理全局与局部的辩证关系问题。因为全局是主要的,具有决定意义。局部是第二位的,全局决定局部,局部隶属于全局,服务于全局。战役、战斗的胜负,首先取决于战略是否正确,如果战略错误,即使战役战斗胜利也难以弥补。反过来,关键的局部决定全局的成败。因此,必须关照全局,掌握关键。冷静地权衡利弊,认清自己的长远利益和根本利益所在,分清孰轻孰重,不为眼前和表面利益影响大局,不为一时之愤影响战略计划和作战指导,不为个人喜怒冲昏头脑,还必须善于从战略全局着眼,不拘一城一地的得失。在中外战争史上,凡是聪明的将帅,考虑问题都是兼顾利弊,寻求最大利益。以求“安国全军”。为此,他们在复杂的军事斗争中,面临不能求得“全胜”的困难,往往能够以损失一部来保全大部,以小的、局部的损失去换取大的、全局的胜利。

在这个意义上,所谓的“李代桃僵”之计,既是一个谋略问题,又是一个战略运筹问题。战国时的军事家孙膑就非常明白这一道理,他曾给齐国将军田忌出主意,要他在赛马时用自己下等的马去对付对方上等的马,用自己上等的马去对付对方中等的马,用自己中等的马去对付对方下等的马,结果造成一个局部劣势、两个局部优势,最后以二比一取胜。

历史上成功运用“李代桃僵”取得最后胜利的战例不胜枚举,其中的关键就是能够在战争指导上审时度势,善于“弃卒保车”,随机应变,通过主观能动性的发挥,从而变被动为主动,化劣势为优势。

原文

势必有损,损阴以益阳[1]。

译文

如果形势所迫必须有所损失,那么就应该牺牲局部,来确保全局的利益。

注释

1 损阴以益阳:阴,此指某些细微的、局部的事物;阳,此指带整体意义的、全局性的事物。

按语

我敌之情,各有长短。战争之事,难得全

译文

敌我双方的军情态势,各有其长处和短处。实现战争的“全胜”是很难的。而胜。而胜负之决，即在长短之相较。而长短之相较，乃有以短胜长之秘诀。如以下驷[1]敌上驷，以上驷敌中驷，以中驷敌下驷之类，则诚[2]兵家独具之诡谋，非常理之可推测者也。

战争胜负的归属，就取决于双方长处和短处的对比较量。在双方长处和短处的较量过程中，有以己方短处对付敌方长处而最终获胜的秘诀。比如战国时孙膑建议田忌用下等马拉的战车去和对手上等马拉的战车比赛，用上等马拉的战车去和对手中等马拉的战车比赛，用中等马拉的战车去和对手下等马拉的战车比赛之类的计策，真的是兵家独有的诡诈谋略，不是可按平常的道理推测的。

注释

1 驷：四匹马拉的战车。

2 诚：实际上，真的是。

战例

楚汉成皋之战

公元前205年，项羽在楚汉战争中一举夺回彭城，刘邦的战略优势丧失殆尽。刘邦收集残部后采纳谋士张良建议，重用彭越、韩信，在军事上制定正面坚持、敌后扰敌和南北两翼牵制的总战略：在正面战场，利用成皋（今河南荥阳西）的优势地形，把守险要，依托豫西丘陵山地，布置防御，将项羽拒于汜水以东的黄河平原上，阻止楚军西进；在敌后，让彭越在梁地（今河南商丘一带）进行频繁骚扰，调动楚军，使项羽疲于奔命，从而配合正面战场的防御作战；在北翼，派韩信开辟北方战场，集中力量消灭黄河以北的魏、代、赵、燕、楚和东面的齐等诸侯国，威胁楚军侧背，切断楚军的粮道；在南方，争取九江王英布，使其在敌后进攻楚军，以牵制楚军。此外，任用陈平全面负责情报工作，对楚军进行大肆分化和瓦解。

但战争初期并不顺利，荥阳危在旦夕，刘邦又采纳张良的缓兵之计，让将军纪信穿着自己的衣服到楚军大营去诈降，而自己则率军到宛（今河南南阳）、叶（今河南叶县）之间，与英布联手展开攻势，引诱项羽南下，但又不与项羽正面决战，而是转攻为守，命彭越深入楚军后方纵深，攻击下邳（今江苏睢宁西北），威胁彭城（今江苏徐州），项羽首尾不能兼顾，刘邦遂乘机夺回失地。

六月，项羽击退彭越，回攻荥阳，攻下荥阳和成皋后，楚军已是人困马乏，但此时韩信已经攻破赵国，刘邦经过补充生力军后又重新杀回正面战场展开反攻。此时，敌后的彭越多次截断楚军的补给线，攻下十余座城池，南方的英布也在淮南大肆破坏，使楚军的侧背受到越来越大的威胁。项羽不得不再次回军安定后方，临走时反复告诫成皋守将曹咎小心坚守成皋，即使汉军挑战也千万不可出战。但曹咎终究没能遵照项羽的指示，敌不住汉军的引诱和挑战，一怒之下下令出战，刘邦趁楚军渡汜水时发动进攻，大破楚军，曹咎兵败自杀。待项羽率军回到荥阳时，由于韩信已经攻占齐地，于是只得签订和约，把鸿沟以西的地方划归刘邦。

刘邦夺取成皋之战胜利，是楚汉战争中具有决定意义的一战。至此，双方的战略态势发生了质的转化，项羽完全陷入被动。公元前 202 年十月，刘邦乘项羽引兵东归之机，对项羽进行致命战略追击，项羽垓下被围，兵败自杀。

朱元璋鄱阳湖破敌

元至正二十年（1360），军力日渐壮大的朱元璋的地盘已西扩至九江、南昌。在当时的群雄中，陈友谅是朱元璋最具威胁的对手。

至正二十三年（1363）二月，东南的张士诚派兵围攻起义军的共同领袖小明王，将要拔下其最后一个据点安丰（今安徽寿县），小明王向朱元璋求救。安丰是应天（今江苏南京）的屏障，救安丰即保应天，朱元璋立即率兵渡江救援。

四月，陈友谅趁朱元璋出兵救援安丰，主力渡江，江南兵力空虚之机，发兵号称60万围攻洪都（今江西南昌）。洪都危在旦夕，守将朱文正派人赴应天告急。朱元璋令其排除困难坚守一个月，朱文正在洪都坚守85天，消耗了陈军的有生力量，为朱元璋调集兵马进行反击赢得了宝贵时间。

当时，陈友谅军粮奇缺，长期围攻洪都又消耗极大。朱元璋利用这个反击的大好时机，亲率舟师20万向鄱阳湖湖口进发。为把陈军困于湖中，朱元璋一面派兵屯于泾江口和南湖嘴断敌退路，一面调集信州（今江西上饶）之兵威胁陈军侧后，同时派军扼守武阳渡（今江西南昌东），以防陈友谅军逃跑。如此，陈军三面受敌，形成关门打狗之势。

七月二十日，朱陈两军在康郎山（在今江西鄱阳湖内）湖面对阵。陈友谅为了发挥舰大的优势，将巨舰联结布阵，展开数十里，“望之如山”。朱元璋针对陈军巨舰首尾相连、不利进退的弱点，将自己的舰船分为30队，每队配备大小火炮、火箭等，下令各队接近敌舰时，先发火器，次用弓弩，靠近敌舰时，再用短兵器与敌格斗，战绩卓著，击毙陈军1500人。

七月二十二日，朱元璋亲率水师出战，采纳部将郭兴建议，利用黄昏时分湖面上刮起的东北风进行火攻，陈军数百艘战舰被烧毁，士卒死伤大半。朱元璋趁机发起总攻，陈军不支而退。陈友谅又气又急，冒死突围，被伏兵乱箭射死。

至此，朱元璋经过 36 天的苦战，终于以 20 万劲旅全歼陈友谅军。次年，朱元璋攻占武昌，陈友谅之子陈理投降。朱元璋统一南方的最大障碍得以扫除。

第十二计　顺手牵羊

导读

《礼记·曲礼上》有“效马效羊者右牵之”的记载，唐代孔颖达在《礼记正义》中说：“马羊多力，人右手亦有力，故用右手牵掣之也。”也有学者认为“顺手牵羊”出自清代顾张思《土风录》：“伺便窃取曰顺手牵羊。按《曲礼》‘效羊者右牵之’。俗呼右手曰顺手，取顺便之意。”用右手为顺手，顺势牵制、牵走、捞走，比喻顺便利用可乘之机施展手法或手腕，多用于贬义。

错综复杂、变化无常的战场上，充满着各种机遇。毕竟，无论敌我，有实就有虚，有虚就有实。所以，任何敌人都是有隙可乘的，即便其练就了金刚不破之身，也会有自己的“死穴”，这“死穴”就是敌人关键之“隙”，相应地也就是我之“机”。《孙子·虚实》列出了敌“虚”的各种表现：敌人兵力部署上的“寡”、力量上的“劳”、军情上的“动”、态势上的“失、静、死、饥、不足”，等等。明人何良臣也曾列出乘敌之隙的诸种情况：“敌欺我，则骄之；敌畏我，则恐之；敌勇而愚，则诱之；敌轻而躁，则劳之；敌过慎而葸，则疑之；敌上下猜疑，则间之；敌好袭人，则佯为无备；敌好侵掠，则委利以饵之；敌务于进，则设伏以致之；敌志在退，则开险以击之。凡如此例，难容悉数，皆因敌情以导之耳。”因此，瞅准空子，乘隙击敌，可以不费力而收效甚多。

战争中的机遇对战争双方而言是绝对公平的。要发现对手之隙,关键在于对战场态势要有深刻而全面的了解,同时还要有敏锐的洞察力、判断力和敏捷的反应能力。高明的战争指导者之所以高明,就在于他们能够捕捉战机,善于乘敌之隙,从而克敌制胜。比如历史上的曹操"得策辄行,应变无穷",所以常常能在险象环生中保护自己,打败敌人。

同时,要"乘隙",还必须发挥战争指导者的主观能动作用,千方百计地制造对手之"隙",通过多方面的"示形",广泛地实施战场机动,以制造敌人之隙,然后抓住机会,集中兵力,以石击卵,攻虚击弱,战胜强敌。

当然,并不是所有的"隙"都要"乘",因为,有些"隙"并不是敌人的"死穴",即使乘之也无助于战争全局,同时,敌人也很有可能对我"示形",故意以小"隙"小利进行诱骗,图谋对我"乘隙",这时若不加分析,盲目"乘隙",反而会上当受骗,酿成大祸。所以,"乘隙"必须根据战争全局的需要,有所不乘,有所不争。

原文

微隙[1]在所必乘[2],微利在所必得。少阴[3],少阳[4]。

译文

敌人微小的疏忽,也务必要加以利用;对我有微小的好处,也务必要争取得到。变敌人的小疏漏,为我方的小胜利。

注释

1 微隙:微小的空隙。指敌方的某些漏洞、疏忽。

2 乘:使用,利用。

3 少阴:指敌方小的疏漏。

4 少阳:指我方小的得利。

按语

大军动处，其隙甚多，乘间取利，不必以战[1]。胜固[2]可用，败亦可用。

译文

大部队在行动过程中，虚隙漏洞一定会非常多，可以利用其漏洞获利取胜，不一定要通过作战的手段。已经获胜者固然可以利用此计扩大战果，失败者同样可用此计来转败为胜。

注释

1 不必以战：不一定要发动战争，动用战争的手段。

2 固：固然。

战例

战虎牢李世民一箭双雕

隋朝末年，农民起义风起云涌，群雄割据，其中以据有河北、山东大部分地区的窦建德和据有河南许多州县的隋旧将王世充实力最为强大，二者与李渊集团分庭抗礼，构成鼎足之势。

面对这种形势，李渊、李世民制定了远交近攻、先王后窦、各个击破的方针。李世民经过半年激战，重创王世充军，包围洛阳（今河南洛阳）。王世充遣使向窦建德求救。

窦建德虽与王世充势不两立，但在当时的形势下，自己与王世充实为唇齿相依，不救对自己也将极大不利。于是，经过权衡利弊，窦建德亲率 10 万大军西援洛阳，并很快进抵虎牢（今河南荥阳西北）以东的东原（今河南荥阳东北）一带。虎牢一向被视为洛阳的门户，有“咽喉九州，阈阃中夏”之称。如果窦建德据有这一战略要地，西入洛阳就轻而易举了。

当时，李世民虽击退王世充军，无奈王世充退入洛阳城后拒不出战，唐军久屯兵于坚城之下，如窦建德率大军西进抵达洛阳，唐军的处境将更为不利。

李世民的谋士郭孝恪等人认为，当前之计，应该围城打援，即围困王世充，迎击窦建德，一旦窦建德被消灭，洛阳便不攻自破。李世民果断采纳建议，将围攻洛阳的唐军一分为二，令李元吉、屈突通诸将率一部分兵力继续围攻洛阳，自己则亲率精兵 3500 人进驻虎牢。

当时，窦建德的大军被唐军阻于虎牢以东不得西进，李世民得到情报说窦建德企图乘唐军到河北岸牧马的机会袭击虎牢。李世民遂将计就计，率兵过河，故意留下千余战马在河边，引诱窦建德出战。次日，窦军果然中计，全军出阵，李世民却故意按兵不动以消磨窦军士气。果不其然，两军相持至中午，窦军已是人困马乏，秩序混乱。李世民便派宇文化及前去挑战，窦军大阵立即动摇，李世民趁势率主力直扑窦建德大营。当时窦建德正要召集部下开会，唐军骤然而至，窦军被迫东撤，唐军紧追不舍，窦军四处溃散。唐军乘胜追击，俘获窦军 5 万余人，窦建德本人也被生俘。

唐军取得虎牢大捷后，立即回师洛阳。王世充见窦军被全歼，知道大势已去，也只好投降。

唐军通过虎牢之战，取得了一举两克的重大胜利，夺取了中原的控制权，奠定了唐王朝统一全国的基础，这一仗也成为中国古代战争史上围城打援的著名战例。

八路军第129师粉碎日军九路围攻

1938年2月，华北侵华日军向晋西各黄河渡口进犯，直接威胁我陕甘宁边区，并妄图全歼八路军第129师等部和驻守在这一地区的国民党军队。

针对日军的围攻企图和作战部署，八路军总部决定以一部分兵力和地方游击队在内线牵制、消耗敌人，而将主力转移到外线隐蔽待机，避敌锋芒，等到敌人到处扑空和消耗疲惫之后，即集中兵力歼其一路。为此，八路军第129师主力于敌发起围攻前及时跳出敌人的包围圈，转移到了处于外线的涉县以北山区。

4月8日，九路参与围攻的日军中，只有从屯留、长治、平定进犯的三路之敌侵入我根据地腹地。4月11日，我转移在涉县以北地区的第129师主力部队，迅速机动到内线，于4月15日清晨赶到武乡西北地区。日军未发现我军主力，且饥饿疲惫，恐怕陷入埋伏，于是撤回武乡，第129师首长通过分析战场形势，立即下令于当晚追击日军。经过9个小时的猛烈追击，终于将敌后续部队各个歼灭。这时，敌人已前进到长乐村的先头部队为解救被围之敌，回头反扑，我军在予以坚决打击后，果断退出战斗。这次战斗共歼敌2200余人，对粉碎围攻起到了决定性作用。

歼灭日军主力后，第129师趁敌人撤退之机，乘胜扩大战果，追歼经长乐村一役损失惨重的敌第108师团。敌人损兵折将，狼狈撤退，我军趁其撤退又进行截击，歼敌1000余人。至此，经过20多天的反围攻作战，日军的九路围攻宣告全面失败。我军先后收复县城18座，歼敌4000余人，将日军赶出了晋东南地区，巩固了晋冀豫抗日根据地。

第三套　攻战计

第十三计 打草惊蛇

导读

“打草惊蛇”出自宋代郑文宝的《南唐近事》:“王鲁为当涂宰,颇以资产为务,会部民连状诉主簿贪贿于县尹。鲁乃判曰:‘汝虽打草,吾已蛇惊。’”意思是说那些干了坏事的人常常做贼心虚,当真正的惩罚还未到来之前,即使有一丁点声响,他们也会闻风丧胆。

《三十六计》将“打草惊蛇”作为军事计谋之一,是指当敌方兵力没有暴露、行踪诡秘、意向不明时,切不可轻敌冒进,以免引起敌人戒心。强调要通过反复侦察,搜集情报,判明敌人意图,查明敌人实力、军事部署和弱点,以制订破敌之术。

要达到打“草”使“蛇”惊的效果,其一,任何时候都要对各种异常现象甚至是常见不疑的现象多打几个问号,做到“疑以叩实,察而后动”,切不可凭空臆断、贸然行事,否则结果必然是上当受骗,酿成苦果;其二,在战争全程中,要通过“动敌”即佯动或火力侦察迫使敌人暴露兵力部署,从而察明敌情,判断出敌人的意图和实力;其三,“打草惊蛇”的最终目的在于“引蛇出洞”,聚而歼之。为此,我方需要通过佯动或佯攻,巧设诱饵,弄清敌之企图,使敌主力暴露,迫使敌人在不利的时间、地点和方向与我作战,做到一剑封喉。

原文

疑以叩[1]实，察[2]而后动。复者，阴之媒也。[3]

译文

如有怀疑就要侦察核实，查明情况后再采取行动。反复侦察和验证，是发现隐藏在现象背后本质的方法。

注释

1 叩：调查，侦察。

2 察：核实，查明。

3 复者，阴之媒也：句意为反复侦察和验证，是发现隐藏在现象背后本质的方法。阴，此指某些隐藏着的、暂时尚不明显或未暴露的事物、情况；媒，媒介。

按语

敌力不露，阴谋深沉，未可轻进，应遍探其锋。兵书云："军旁有险阻、蒋潢并生芦苇、山林、翳荟[1]，必谨复索之，此伏奸之所藏处也。"

译文

敌人的实力尚未暴露，阴谋诡计深不可测，我方切不可贸然采取行动，而应该全面地探察他的锋芒所向。兵书上说："行军的路旁遇到险峻的关隘、湖沼水网并有芦苇、山林和草木茂盛的地方，必须谨慎地反复搜索，因为这些都是敌人可能设下埋伏、隐伏奸细的地方。"

注释

1 翳荟：草木繁茂(的地方)。

战例

孟明视崤山遭伏击

春秋时期，秦国预备偷袭郑国，插足中原腹心，从而建立霸业。大夫蹇叔向秦穆公建议：秦、郑两国相隔千里，秦军劳师远征，胜算不大；且偷袭郑国还将与晋国发生利益冲突，晋军会在秦军必经的崤山地区伏击秦军，所以此举断不可行。无奈秦穆公求霸心切，一意孤行，于公元前628年冬天派孟明视、西乞术和白乙丙三位将军出征郑国。

次年二月，秦军偷越晋国南境到达滑邑（今河南偃师东南），恰与郑国商人弦高相遇。弦高已猜测到秦军来意，于是伪装成郑国使者，以郑国国君的名义犒劳秦师，同时派人火速回国报信加紧战备。孟明视等发现偷袭已难成功，只好令部队停止前进，顺手掳掠滑邑而归。

晋国君臣得到秦军回师的消息，立即商讨对策。大臣先轸认为，秦国是威胁晋国霸主地位的潜在对手，不如趁此出兵给以颜色。晋襄公遂联合晋国南部的姜戎，于崤山设伏，分别从正面、侧翼包围并阻击秦军西归。

四月，回国的秦军行至崤山地区，这里是控制豫陕的交通要道，素有"天下重险"之称。秦军主帅认为刚刚继位的晋襄公不会不惜秦晋同盟的大局而为难秦军，结果，秦军刚入崤山谷地，预先埋伏在那里的晋军和姜戎军突然封锁了峡谷两头，予秦军以猛烈打击。此次会战，秦军几乎全军覆没，孟明视等也做了俘虏。

后来孟明视、西乞术和白乙丙被释放回国后，秦穆公力排众议，仍请三人继续执掌兵权，待机复仇，以雪崤山之败的耻辱。

休整两年后，秦穆公任命孟明视为统帅，率军伐晋，但秦军还未离开国境，晋国就已经得到秦军东袭的情报。晋襄公决定御敌于国门之外，于是亲自率军偷渡黄河，埋伏于彭衙（今陕西澄城西北）一带，秦军再次遭到晋军以逸待劳的伏击，大败而归。

秦军之所以两遭伏击而失败，错就错在不知敌之情、不知战之地，狂妄自大、打草惊蛇。而晋国两次伏击成功，都是利用了秦军的粗心大意，从而在有利的时间和地点，达成了战争的突然性。

炮击金门慑美、蒋

抗美援朝战争胜利后，美国继续坚持敌视中国的政策，拒不承认中国政府，在国际上公开推行“两个中国”的错误政策，同时进一步介入台湾事务，妄图制造台海两岸的永久分离，使其干涉中国内政的行为合法化。

仗着美国这个后台老板的支持，台湾当局不断加强金门沿海岛屿的防务，妄图以此作为反攻大陆的跳板，并不断对大陆沿海城镇进行袭扰破坏。

为了粉碎美国长期霸占台湾与分裂中国的阴谋，中共中央决定发起一场声势浩大的解放台湾运动。与政治上的攻势相配合，人民解放军福建前线炮兵于1953年、1954年先后两次对金门地区的国民党军实施了惩罚性炮击，以炮声回应美国侵略台湾，并表明中国人民解放台湾的决心。

1958年，美国在台湾海峡地区集结大量武装力量，公然进行战争挑衅。台湾当局乘机造势，叫喊要“加速进行反攻大陆的准备”，出动飞机对大陆沿海进行侦察和挑衅，美海军参谋长也宣称会随时援台。台海局势日趋紧张。

中共中央、中央军委立即做出了加强东南沿海军事斗争的英明决策。1958年7月18日，毛泽东主席召集会议，部署东南沿海军事斗争任务，指出金门、马祖是中国领土，打金门、马祖，打击国民党军，是中国的内政，敌人找不到借口，而对美帝国主义则有牵制作用。

遵照中央的决策和部署，8月23日17时30分，福建前线部队向金门国民党守军实施2个多小时的大规模猛烈炮击，击毙击伤国民党军中将以下官兵600余人。24日，又重创国民党军大型运输船“中海”号，击沉货轮“台生”号。

台湾当局请求美军协助。美军派军舰进入金门海域为国民党军护航，公然对中国政府施以威胁。毛主席马上明确指示：一是照打不误，二是只打蒋舰，不打美舰。

经过第一阶段的炮击，美国怕越陷越深，于是要求台湾当局从金门、马祖撤军，而在政治上隔离台湾，搞“两个中国”；蒋介石则怕划峡而治，老死他乡，执意不肯。美、蒋矛盾凸显。

与此同时，中国政府展开了政治攻势。10月，以国防部长彭德怀的名义先后发表了毛泽东主席起草的《告台湾同胞书》《再告台湾同胞书》，文告揭露美国插手台湾的险恶用心，规劝台湾当局不可仰人鼻息，自寻死路。同时有力地表明了中国人民坚决反对美国干涉中国内政的立场和维护祖国统一的决心。

第十四计　借尸还魂

导读

有学者认为“借尸还魂”可能源于“八仙”之一的铁拐李得道成仙的传说。元代岳伯川的《吕洞宾度铁拐李岳》中有这样的记载:“您众人听着:这的是李屠的尸首,岳寿的魂灵,我着他借尸还魂来。”

相传铁拐李原名李玄,曾遇太上老君而得道。一次,其魂魄离开躯体,飘飘然游玩于三山五岳之间。临行前,他嘱咐徒弟看护好遗体。但李玄魂魄四处游山玩水,流连忘返。徒弟们等久了,见师父的遗体老是僵在那里,总也活不过来,便以为他已死去,就将其火化了。待李玄神游归来时,不见自己的躯体,魂魄无所归依。恰好当时附近路旁有一饿死的乞丐,尸体还算新鲜,李玄于慌忙之中,便将自己的灵魂附在了这具乞丐的尸体之上。借尸还魂后的李玄,与原来的李玄相比,面目全非,蓬头垢面,袒腹露胸,并跛一足。为支撑身体行走,李玄对着原乞丐用的一根竹竿喷了一口仙水,竹竿立即变为铁杖,借尸还魂后的李玄也因此被称为铁拐李,而原来的名字倒被人忘却了。

“借尸还魂”的原意是使已经死亡的东西换一种面目重新出现,或将已无价值的东西赋予新的价值。

根据本计按语,农民起义军或割据势力在改朝换代之际以拥立前朝皇室后代相号召,从而使自己名正言顺,赢得各阶层支持,属于这一计的典型应用。如春秋时齐桓公的“尊王攘夷”,秦末农民大起义时陈胜以扶苏(秦始皇长子,按封建社会嫡长子继承制的原则应该继承皇位)相号召,刘邦借为“义帝”报仇而讨伐项羽,赤眉起义军拥立刘盆子为帝,三国时曹操控制汉献帝“挟天子以令诸侯”,刘备高举“兴复汉室”大旗争取人心,应该说都属此类。

不过,从军事谋略上来说,“借尸还魂”的含义已不仅仅限于此。如同“借刀杀人”的“借”一样,“借尸还魂”的主旨在于创造性地利用一切可以利用的条件,壮大自己,争取主动,实现自己的目标。如此,“借”的内容也相当广泛,在战略上实施联盟,利用敌对阵营的矛盾,在战役、战术层面巧借各种有利条件(诸如地利、气候、人事、心理、兵器等等),都符合此计的原理。

尤其在敌强我弱、我方处于被动或面临败局的情况下,能够准确分析形势,权衡利弊,因时、因地、因敌巧妙利用各种条件来扭转败局,甚至“借不能用者而用之”,从而改变敌我态势,则属“借尸还魂”的最高境界。当然,这种境界需要“借”者有高人一筹的智慧、明察秋毫的敏锐,以及当机立断的果敢和勇气。

原文

有用者,不可借[1];不能用者,求借。借不能用者而用之。匪我求童蒙,童蒙求我。[2]

译文

凡是有用的,往往无法借助和依靠;而没有用的,又往往谋求别人来借助。那么我就借那些似乎不能派用场的而用之。这就是《易经·蒙卦》中讲的道理:不是我去求那些蒙昧无知的儿童,而是他们来向我求助。

注释

1 借:加以利用,驾驭。

2 匪我求童蒙,童蒙求我:语出《易经·蒙卦》。这里的“童蒙”是指幼稚无知、求师教诲的儿童。

按语

换代之际,纷立亡国之后者,固借尸还魂之意也。凡一切寄兵于人,而代其攻守者,皆此用也。

译文

每当改朝换代的时候，人们纷纷拥立亡国君主的后代，这固然是“借尸还魂”的本意之所在。凡是假借别人之手进行的战争，让别人出面替代自己从事进攻和防御的做法，都是对这一谋略的运用。

战例

刘邦的“借口”

楚汉战争中，刘邦率军先入咸阳，秦王子婴投降。按照当初“先入关者王之”的约定，刘邦应为关中王。但项羽凭借军事优势自称“西楚霸王”，迫使刘邦屈居下位。鉴于刘邦仍有一定的实力和潜力，项羽为防其在关中坐大，又将其分封于远离关中和中原的巴、蜀、汉中，名为“汉王”。同时，又将关中一分为三，让秦朝的三个降将章邯、司马欣、董翳在关中做诸侯王，号称“三秦”，以监视、遏制刘邦的势力。刘邦无奈只好暂时隐忍。

机会终于来临。公元前206年，刘邦在项羽放松警惕、戒备疏懈时，抓住时机，采纳韩信“明修栈道，暗渡陈仓”之计，迅速平定三秦，夺取关中形胜之地，并亲率大军出关讨伐项羽。汉军抵达洛阳时，有一位三老董公向刘邦提建议，应牢记“顺德者昌，逆德者亡”“兵出无名，事故不成”的古训，讨伐项羽也应该遵循这一道理。项羽杀害农民军的共同领袖“义帝”(项梁、项羽起兵反秦时，拥楚怀王之孙熊心为王，尊为“义帝”。后来项羽入关后，熊心坚持“先入关者王之”的约定，此举激怒项羽，遂被杀害)，这是其最大的罪状，当务之急应该借此大造舆论，赢得同情和支持。经董公这么一提醒，刘邦马上认识到“义帝”这具“陈尸”极具利用价值，值得一“借”。

于是，刘邦立即下令为“义帝”发丧，亲率三军将士素服吊唁，并宣布:“当日天下英雄共立义帝，义帝是我们的共同领袖，可是项羽却为了一己之私，将其放逐并杀害，这是大逆不道的作为，我这次发动关中全部人马东出，就是为了给义帝报仇。”应该说，这时楚汉战端已起，有无借口已不重要，但刘邦之所以找借口“借尸还魂”，是因为他当时的军事实力不如项羽，必须取得舆论支持，以争取同情，笼络人心，激励士气。况且，为“义帝”发丧，不过举手之劳，不费吹灰之力就能使自己的军事行动无可挑剔地具有“正义”性，在政治上和道义上收到巨大成效，而使项羽在政治和外交上陷于被动地位。

美、伊均使“借尸还魂”计，美国棋高一着

1990年初以来，伊拉克和科威特的矛盾日趋激化。一心要侵吞科威特的伊拉克为隐蔽自己的侵略意图，除进行外交欺骗外，还巧妙使用了“借尸还魂”之计。

为此，伊拉克先故意升级与以色列之间的军事对抗，淡化人们对伊、科紧张局势的关注。正当国际社会为伊、以关系前途担忧之时，伊拉克却突然入侵科威特并实行了军事占领，旋即宣布科威特为伊拉克的第19个省，初步实现了“借尸”(阿、以矛盾）和“还魂”(吞并科威特）的目的。

伊拉克占领科威特的侵略行径，遭到世界舆论的强烈谴责。科威特盛产石油，伊拉克占领科威特对西方的石油供应造成了严重威胁，美国及其盟国立即对此做出强烈反应，针锋相对地“借尸还魂”——打着惩罚伊拉克侵略的旗号而达到控制中东这一世界能源库的战略目标。在对伊拉克进行政治孤立、经济封锁的同时，美国迅速调集大量海空兵力开赴海湾，执行“沙漠盾牌”计划。接着，英、法、意、德等北约国家也陆续向海湾派出作战部队。

为对抗以美国为首的多国部队，巩固对科威特的军事占领，伊拉克除了向科威特大举增兵外，还与以美国为首的多国部队展开了谋略较量，再次施展“借尸还魂”之计：在遭到多国部队空袭的第二天，伊拉克就开始向以色列重要城市发射“飞毛腿”导弹，刺激其参与对己方的攻击。因为只要以色列被拖入战争，海湾战争就会扩大为中东战争，战争性质将发生根本的改变，从而转化为阿拉伯世界同美国和以色列的对抗。

被惹怒的以色列渐渐按捺不住。而美国对伊拉克“借尸还魂”的企图早有预料。为稳住以色列，美国一方面帮助以色列做好防空袭的准备，另一方面宣布解除以色列欠美国的45亿美元军火债务，并答应对以色列提供高达130亿美元的巨额经济援助。此外，美国还说服英、法、日等国一起规劝以色列顾全大局，不要还击。鉴于各方面的压力，以色列在进行讨价还价后，在整个海湾战争期间始终没有对伊拉克还手，从而使美国的战略计划得以顺利实现。

第十五计　调虎离山

导读

一般认为"调虎离山"源于《管子·形势解》:"虎豹,兽之猛者也,居深林广泽之中则人畏其威而载之。人主,天下之有势者也,深居则人畏其势。故虎豹去其幽而近于人,则人得之而易其威。人主去其门而迫于民,则民轻之而傲其势。故曰:'虎豹托幽而威可载也。'"意思是:虎豹,是兽类中最凶猛的,它们居住在深林大泽之中,人们因畏其威力而看重它们。君主,是天下最有势力的人,他深居简出,人们就害怕他的势力。虎豹若离开深山幽谷而与人接近,人们就会把它捕起来而无视它的威力。君主若离开朝廷而与人民靠近,人民就轻慢他而不怕他的势力。所以说:"虎豹托幽而威可载也。"

后来在民间和文学作品中便逐渐出现了"调虎离山"的说法。如明代吴承恩的《西游记》第五十三回,孙大圣对如意真仙说:"我是个调虎离山计,哄你出来争战,却着我师弟取水去了。""调虎离山"作为计谋,是指用计谋调动敌人使之离开原来的有利地位。

集中优势兵力是古今作战的通则,至今仍被写在世界各国的作战守则和条例之中。所谓"集中兵力",就是在一定的时间内,把兵力集中使用于同一方向、区域或目标。

集中兵力歼敌的前提是造成敌人的分散。对作战双方来说,最忌讳的就是兵力分散。分散之所以错误,就在于不能把自己的军队有目的地集中到决定性的战略方向。军队虽然到处都是,但漫天开花不结果,其结果必将是被对方各个击破。毛泽东同志在《井冈山的斗争》一文中曾对军事上的这种平均主义做过批判,他说:“我们的经验,分兵几乎没有一次不失败,集中兵力以击小于我或等于我或稍大于我之敌,则往往胜利。”

当然,兵力的分散和集中又是相对而言的、辩证的,因为总体上的“众”并不等于局部的“众”,全局上的“寡”也并不意味着局部的“寡”。关键在于战争指导者能否在适当的时间和地点达成“以众击寡”的态势。因此要尽一切可能调动敌人的兵力,使敌陷于分散,这是“调虎离山”一计的主旨所在。

调动敌人是军事指挥中的最高艺术。如何“调虎离山”、分散敌人,从而造成己方的集中和优势,最根本的办法就是调动敌人。而在各种“调虎”之术中,最常用的就是诈败诱敌和虚张声势,把敌人引入预设的战场,在预设的地点和时间集中兵力与敌决战。

对兵力较弱、处于劣势的一方来说,施展“调虎离山”之计以分散敌人兵力更为重要。因为弱军面对强敌,通过示弱,容易让敌人产生骄傲和侥幸心理,导致敌人离开有利阵地依托和地形条件,形成分散之势。这样,弱军就可以形成局部的优势实施反击。对此,毛泽东同志曾有精辟之论:“集中兵力看起来容易,实行颇难。人人皆知以多胜少是最好的办法,然而很多人不能做,相反地每每分散兵力,原因就在于指导者缺乏战略头脑,为复杂的环境所迷惑,因而被环境所支配,失掉自主能力,采取了应付主义。”至于具体办法,毛泽东也形象地说,饭要一口一口地吃,仗要一个一个地打:“敌人越凶越不要怕它。蒋介石过去不凶?美国不凶?具体到每个战斗的打法就不同了,就要重视它。军队无非是要学会两个东西,一个是会打,一个是会走。会打、会走,军队都要学会。打就吃它一口,吃不了大的吃小的,吃了一口,再吃一口。”

原文

待天[1]以困之，用人[2]以诱之。往蹇来反[3]。

译文

利用天时条件不利于敌时去围困它，再用人为的假象去诱骗它。这就是《易经·蹇卦》中所讲的，我前往会有挫折和危险；让对方前来，我便主动有利。

注释

1 天：指自然的各种条件或情况。

2 人：人为的假象。

3 往蹇来反：语出《易经·蹇卦》。本句意为：向前进攻会有危险，敌人前来反而对我有利。

按语

兵书曰："下政攻城。"若攻坚，则自取败亡矣。敌既得地利，则不可以争其地。且敌有主[1]而势大：有主，则非利不来趋；势大，则非天人合用不能胜。汉末，羌[2]率众数千，遮虞诩于陈仓崤谷。诩军不进，宣言上书请兵，须到乃发。羌闻之，乃分抄

译文

兵书上讲："下策是攻打城池。"如果强行攻打坚固的城池，便是自寻死路。敌人既然占据了有利地形，就不可再去同他们争夺这一地区。况且敌人有统一的指挥而又兵势强大：敌人指挥统一，那么无利可图他们就不会主动来和我们交战；敌人兵势强大，那么我们如果不把自然条件与主观努力有机结合就无法取胜。东汉末年，羌族首领率领数千之众，将武都太守虞诩堵截在陈仓崤谷。虞诩军队于是停止不前，公开扬言要向朝廷上书请求援兵，等待援兵到后再进发。羌人听到这一消息后，便分散队伍到邻近各县去

旁县。诩因其兵散,日夜进道,兼行百余里,令军士各作两灶,日倍增之,羌不敢逼,遂大破之。兵到乃发者,利诱之也;日夜兼进者,用天时以困之也;倍增其灶者,惑[3]之以人事也。

抢掠。虞诩便乘羌人兵力分散之际,夜以继日迅速开进,每天急行军一百余里,同时下令每名士兵一天做两个灶,以后每天都增加一倍数量,羌人不敢逼近进攻,虞诩于是把握战机大破羌人。所谓"援军到达再进发"的言论,是为了诱骗敌人分散抢掠;日夜急行军,是为了争取时间置敌人于困境;每天增加一倍的灶,是为了用人为假象迷惑敌人。

注释

1 主:此处指统一的、有序的指挥。

2 羌:指当时北方的羌族。

3 惑:迷惑,使之迷惑。

战例

王翦破楚

战国末期，秦国虽一枝独秀，但已经日落西山的南方大国楚国，因疆域最大、人口众多，仍然具有一定的实力，是秦王嬴政“一扫六合”的最大障碍。韩、赵、燕灭亡后，秦王嬴政决定挥戈南下，将长江流域尽收版图。

初次发兵，嬴政不听老将王翦的建议，任命血气方刚的李信为大将，率军20万兵分两路攻楚。踌躇满志、骄横轻敌的李信一入楚地，便急于寻求与楚军决战，希望毕其功于一役。楚将项燕针对秦军急于求胜的心理，设法诱敌深入，然后予以伏击。结果，李信大军被拦腰斩断，首尾不能相顾，一败涂地，溃不成军。

嬴政只好再请王翦出山。秦王政二十三年（前224），王翦带领60万秦军先以优势兵力攻下淮阳（今河南周口淮阳区）以南到平舆（今河南平舆北）一带，陈兵楚国北境。楚王马上把国内所有的兵力集中起来抵御秦军。这时王翦反而不急于与楚军决战，而是避其精锐，深沟高垒，坚壁自守。楚军数次挑战，王翦根本不予理睬。

趁此机会，王翦让士兵操练武艺，休整备战，养精蓄锐。他和士兵同吃同住，同甘共苦。两军相持长达一年之久，王翦始终避而不战，楚军开始懈怠，士气逐渐松懈。

楚国大将项燕认为王翦没有进取之意，于是准备东撤。此时王翦认为进攻的时机业已成熟，决定“击其惰归”。正当项燕拔营回撤之际，王翦的数十万大军突如猛虎下山，如离弦之箭，锐不可当。楚军仓促应战，不出所料地大败，项燕也死于乱军之中。

次年，秦军攻下楚国国都寿春（今安徽寿县），楚王被俘，楚亡。王翦因作战建奇功被封为武城侯。

虞诩巧计分敌兵

公元115年，东汉西北边疆的羌族头领反叛朝廷，围攻边疆重镇武都（今甘肃成县西）。当时执掌朝政的邓太后任命虞诩为武都太守前去平叛。

虞诩率领3000兵马前来解围的消息很快传开，叛军马上在陈仓（今陕西宝鸡东）境内的崤谷（大散关）埋伏重兵，准备伏击汉军。

军事嗅觉敏锐的虞诩行至崤谷附近，发现叛军伏兵，立即下令三军停止前进，扎营待命，然后故意四处宣扬，说现有兵力有限，要等后援部队来了之后才能继续前进。叛军的间谍得知虞诩的部队扎营待援的消息，立即回武都报告。叛军首领认为兵力弱的虞诩一定不会强攻，于是吃喝玩乐，不再作临战准备。

虞诩见调虎离山之计已发挥作用，遂命令军队立刻出发，毫不费力地突破了崤谷，然后又以每天一百多里的速度急行军，日夜兼程，奔向赤亭（今甘肃成县西南），对武都的叛军进行包抄。途中休息时，虞诩让士兵每人垒两个煮饭的灶台，并逐日递增，且饭后不许拆掉灶台，而是故意留给敌人看。副将不解，问："从前孙膑斗庞涓，是逐日减灶，将军为什么要逐日增灶呢？"虞诩回答："敌众我寡，如果我们行动缓慢，一定会被消灭，但我们行动神速，敌人就捉摸不透我军虚实，且日增炉灶，敌人必然认为我军援军已到，就不敢追赶了。当年孙膑减灶是以强示弱，我增灶则是以弱示强，这是因为具体情况不同。"

虞诩的3000人马一举攻下赤亭。但经此一役，汉军的底细也暴露了，叛军首领以为汉军最多不过两三千人，不足为虑，于是以优势兵力强攻赤亭。但发起攻击前，为了再探汉军虚实，又派探子进行侦察。为迷惑叛军，虞诩让所有的官兵排起长队，浩浩荡荡地从城的东门开出，绕城一圈，再从北门进城，进城后换了衣服，又从这个城门开出，另一城门进城，每天如此走上数个来回。叛军的探子见此情景，断定是汉军援军已到。叛军首领信以为真，决定撤离。虞诩得到这个情报，立即在其必经之地设伏，突然杀出，将毫无斗志的叛军杀了个大败。

虞诩采取虚虚实实、示形动敌之策，终于解除了武都之围，并以少胜多打败了叛军，安定了汉朝的西北边疆。

第十六计　欲擒姑纵

导读

关于此计出处，说法不一。

第一种观点，认为源于《老子》："将欲歙之，必固张之；将欲弱之，必固强之；将欲废之，必固兴之；将欲夺之，必固与之。是谓微明，柔弱胜刚强。鱼不可脱于渊，国之利器不可以示人。"意思是：想要收敛它，必先暂且扩张它；想要削弱它，必先暂且加强它；想要废毁它，必先暂且抬举它；想要夺取它，必先暂且给予它。这就叫作深沉的聪明，也就是柔弱战胜刚强。鱼的生存不可以脱离池渊，国家的刑法政教不可以向人炫耀，不能轻易用来吓唬人。

第二种观点，认为源于《鬼谷子》中的"去之者纵之，纵之者乘之"。即，对逃离的敌人要放过他，对放过的敌人要追赶他。指故意先放开他（敌人），使他放松戒备，然后再把他捉住。

春秋时期，吴国名将伍子胥有个朋友名叫要离，此人五短身材，身体瘦弱，却是个天下无敌的剑客。他在和别人比剑时，总是先取守势，待对方首先发起进攻，在剑锋将要刺中自己的一刹那，他才轻轻一闪，非常灵巧地避开，然后突然进攻，一剑刺中对手。伍子胥向他请教取胜的诀窍，他说："我临敌先示之以不能，以骄其志，我再示之以可乘之利，以贪其心，待其急切地出击而防守空虚时，我则乘虚而突然进击。"

其实，比剑如此，用兵也是此理，中国古代兵家就认为："用兵之道，示之以柔而迎之以刚，示之以弱而乘之以强。"（《淮南子·兵略训》）而《三十六计》的"欲擒姑纵"之计就是对这一道理的通俗归纳和提炼。

在战争中运用"欲擒姑纵"这一计策，关键是要先表现出不能战胜敌人、无所作为的样子，即本来有战斗力，却暂且向敌示弱，伪装自己不能攻或不能守，没有战斗力。通过这种伪装，一方面可以使敌人骄傲自大，心存懈怠，放松应有的警惕；另一方面，诱使敌人先机而动，暴露出自己的作战企图和作战布势，尤其是其"虚隙"所在。这样，我方则可以针对敌人的"虚隙"调整部署，捕捉有利的战机，因敌之隙，战而胜之。

当然，这种退让和示弱是有条件的，应该从战争全局和有利于战争全局的利益出发，以局部的退换取全局的进，并要针对作战对象、条件和时机来"退"，更要有利于自己变更部署，形成有利的态势。同时，"退"的目的又必须是以退为进，通过主动退让以小的代价换取大的胜利。

原文

逼则反[1]兵，走[2]则减势。紧随勿迫。累[3]其气力，消其斗志，散而后擒，兵不血刃。需，有孚，光。[4]

译文

过于逼迫敌人，就会招致反扑；放敌人逃走，就能减杀其气势。对逃跑之敌要紧紧跟踪，但不要过于逼迫。要消耗其体力，瓦解其斗志，待其兵力分散时再加以消灭，这样就可以不必交锋作战而取得胜利。这就是《易经·需卦》中讲的等待时机，到时候会有光明前景的道理。

注释

1 反：反扑。

2 走：逃走，逃跑。

3 累：使消耗。

4 需，有孚，光：语出《易经·需卦》。《易经·需卦》卦辞："需，有孚，光亨。"孚，诚心。光，通"广"。此句意为：要善于等待，要有诚心（包含耐性），就会有光明前景。

按语

所谓"纵"者，非放之也，随[1]之，而稍松之耳。"穷寇勿追"，亦即此意。盖不追者，非不随也，不迫之而已。武侯[2]之七纵七擒[3]，即纵而蹑[4]之，故展转推进，至于不毛之地。武侯之七纵，其意在拓[5]地，在借孟获以服诸蛮[6]，非兵法也。若论战，则擒者不可复纵。

译文

此计中所说的"纵"，并不是放任敌人逃走，而是指要跟踪敌人，使其精神上有所放松。所谓"对陷于绝境的敌人不要过分追逼"，也就是这个意思。这里的"不追"，并不是不跟踪，只是不过分逼迫而已。诸葛亮对孟获七擒七纵，就是在放走孟获后跟踪而进，所以曲折向前挺进，一直抵达边远荒凉之地。诸葛亮七次放走孟获，他的目的在于拓展疆土，在于利用放走孟获的做法来使边疆少数民族归顺，这不是严格意义上的兵法原理。如果讲到作战，对于抓获的敌人是不可以再放走的。

注释

1 随：跟随，跟踪。

2 武侯：指诸葛亮。

3 七纵七擒：指诸葛亮七擒、七放孟获之事。

4 蹑：跟踪，尾随。

5 拓：开拓，扩张。

6 蛮：此处指孟获所处之地的边疆的少数民族。

战例

晋文公“退避三舍”破楚军

春秋时期，齐桓公死后，齐国因发生内乱而一蹶不振。南方的楚国乘机进攻中原，而晋文公重耳掌权后的晋国也日渐兴盛。为了各自的霸业，晋楚冲突已是难以避免。

公元前633年，楚成王率领楚军，在陈、蔡、许诸国军队的协从下，围攻宋国国都（今河南商丘），宋向晋求救，晋文公认为这是打击楚国、奠定霸业的绝好机会，于是决定出兵救宋。次年，晋文公率军攻击楚国的盟国曹、卫，意在诱使楚军北上作战，从而解宋之围。

但楚军却加紧攻宋，这就使晋军处于战略和道义上的被动。因为当年晋文公在外逃难期间，曾受过楚成王的极高礼遇，他曾当面许诺楚成王，自己若回国做了国君，一定让两国和好，即使万不得已发生战争，晋国也绝不敢与楚对阵，而要退避三舍以报答楚之恩遇。所以，晋军此时若南下直接攻楚，势必背上知恩不报的恶名；反过来，如果不攻楚，则等于放弃了宋国这一盟国。

此时，楚军由于远离本土作战，已经师劳士困。同时，秦齐两国已同意援助晋国，楚成王权衡利弊后决定收缩战线，撤宋国之围。但骄傲自负的楚军前线主帅子玉却极力请求与晋决战。楚成王只好派少数兵力增援子玉。为寻找决战借口，子玉派使者向晋军提出，以楚国解除宋围为条件，换取晋国恢复曹、卫两国的主权。晋国遂将计就计，同曹、卫暗中媾和，私下以曹、卫与楚断交为条件答应让其复国，同时扣押了楚国使者。

子玉果然被激怒，气势汹汹地挥师北上直逼晋军，晋文公立即下令晋军向卫国境内退避三舍（古时一舍为30里，三舍即90里），退至城濮（今河南范县南）的预设战场，并及时向兵士解释退却的真正意图是为避敌锋芒。加上城濮离晋国本土较近，军队补给供应方便，也便于齐、秦、宋各盟国军队就近前来会合。而各诸侯大军会合后，就可以集中优势兵力一举攻楚。子玉见晋军后撤，以为晋军怯战，更加坚定了决一死战的信心。

四月六日，晋楚城濮之战拉开序幕，双方以下列布局对阵：

晋	下军（胥臣）	中军（晋文公、原轸）	上军（狐毛、狐偃）
楚	右军（子上）	中军（子玉）	左军（子西）

战斗伊始，胥臣所部晋军下军将虎皮蒙在马背上，率先冲入楚军大阵，一举击溃楚军右翼；狐毛、狐偃在晋上军中虚设楚军中军的旗帜，用计且战且退，诱使楚军紧追不舍，遂消灭楚军左翼。连折两翼后楚中军难以为继，撤军仓皇南逃。

晋文公大胜后向周王献俘，被封为诸侯之长，逐渐确立了晋国的霸主地位。

中央红军第一次反“围剿”

1930年10月，蒋介石飞抵南昌，部署对我中央革命根据地实施第一次“围剿”。他调集大量兵力，妄图采用“分进合击”的战术，消灭我中央革命根据地。红军得知蒋介石“围剿”情报后，立即讨论行动方案。毛泽东同志在分析了敌我力量强弱的虚实后，提出了实施主动退却、诱敌深入、以退为进、待机歼敌的作战方针。

11月上旬，国民党军开始发动进攻。他们从吉安到建宁摆开长800里的弧形围攻线，拉开架势，由北向南，气势汹汹地向根据地扑来。我红一方面军主力面对强敌，主动撤退。与此同时，留在根据地的部分红军则与当地群众一起利用熟悉地形之便与敌人周旋，红军主力则趁机向根据地中部实施“向心退却”，使敌人扑空。至12月1日，红军主力已退却到黄陂、小布一带进行集结，隐蔽待机。

随着敌人向根据地的深入，他们的兵力不断分散，已成疲惫之师，弱点暴露。为创造反攻条件，我方决定集中优势兵力，拦腰截断敌人长蛇阵，待歼敌一部后，乘胜粉碎敌人的“围剿”。

12月30日拂晓，赣南山区浓雾迷漫，红军主力早已全部进入云雾缭绕的深山密林，在预设的有利阵地上严阵以待。此时，敌前敌总指挥张辉瓒错误地认为红军还远在百里之外，下令部队兼程追赶，结果孤军深入，陷入了红军的重重包围，全部被歼。此次失败给各路参加“围剿”的国民党军当头棒喝，失败主义情绪蔓延，纷纷退缩，争相溃逃，长蛇阵随之土崩瓦解。红军则趁机展开全面反击。至1931年1月3日，红军追歼逃跑之敌谭道源大部。尔后，红军各部分别向永安、永丰、南丰等地追击，摧毁了一大批地主武装，解放了几十万群众，进一步巩固了中央革命根据地，取得第一次反“围剿”的彻底胜利。

第十七计 抛砖引玉

导读

“抛砖引玉”出自宋代释道原《景德传灯录》:“大众晚参,师云:‘今夜答话去也,有解问者出来。’时有一僧便出,礼拜。稔曰:‘比来抛砖引玉,却引得个墼子。’”

关于“抛砖引玉”的典故还有这样一个故事:唐代诗人常建一向仰慕同时代的诗人赵嘏,渴望能看到赵嘏的诗作。有一次,赵嘏来到常建所在的吴地。常建打听到他会去游览灵岩寺,就在寺前的壁上题了两句言未尽、意未全的诗。赵嘏游览灵岩寺时看见这两句诗,不由得意兴生发,提笔续了两句,成为一首完整的诗,常建的做法就是抛“砖”引“玉”。

砖和玉相比,其价值高下是不言而喻的。所以如能以“砖”引来“玉”,自然是一件上算的事。

《三十六计》将“抛砖引玉”作为一个军事谋略,包含着两层含义:其一,以小的代价换取大的利益;其二,通过示形用诈、示假隐真,诱敌上当,从而夺取战争的主动权。但这并不是说不重视敌人,把敌人当成傻瓜,相反,这恰恰是对敌人的重视和对战争的慎重。毕竟,“兵者,国之大事,死生之地,存亡之道”,如果“杀敌一千,自损八百”,在消灭敌人的同时自己也损失惨重,则得不偿失,从战略上说也是不成功的。因此,通过“抛砖”来“引玉”,以小的代价换取大的利益,就成为一切战略和战争行为孜孜以求的理想境界。

而在敌我斗争中“抛砖”之所以能够实现“引玉”,其立足点是对战争本质的深刻把握。因为,战争的本原是经济,经济利益是从事战争的根本目标,又是战争赖以进行的物质基础。或者说,战争归根到底就是为了争利。因此,巧设“诱饵”“利而诱之”,给敌以甜头,让其因有机可乘,见小利而忘大利,失去心理平衡和正常的判断能力,进而行动失误为我所制,无论从理论上还是实践上都是可行的。

在战争实践中,诱敌的“砖”可以多种多样,却无外乎两个方面:欺骗敌人(“形人”)和隐蔽自己(“我无形”)。就前者而言,设置假目标、虚张声势、声东击西、先声夺人、示弱于敌、佯败惑敌、散布假情报、实施佯动、示强掩弱等等,都可以作为诱敌手段。而实现“引玉”的关键又在于要根据战场形势和敌人的特点,抓住敌人的心理,进行创造性的发挥,而千万不可拘泥于常法和已有的经验。

原文

类以诱之[1]。击[2]蒙[3]也。

译文

利用类似的事物制造假象，以诱骗敌人。如同《易经·蒙卦》中所讲的，打击蒙昧无知的对手。

注释

1 类以诱之:出示某种类似的东西去诱惑他。

2 击:撞击,打击。

3 蒙:卦名。这里的“蒙”是指无知、愚昧之人。

按语

诱敌之法甚多,最妙之法,不在疑似

译文

诱骗敌人的方法非常多，其中最高明的方法，不是能做到似真似假，真假难辨，之间，而在类同[1]，以固[2]其惑。以旌旗金鼓诱敌者，疑似[3]也；以老弱粮草诱敌者，则类同也。

而在于使两者类同一致，假就是真，以加强它的欺骗性，使对手坚信不疑。用旌旗金鼓虚张声势，以诱惑敌人，这是似真似假，真假难辨；而用老弱士兵或粮草这种真人真物造成假象，以诱惑敌人，这是类同一致，假象成真。

注释

1 类同：类同一致。

2 固：使坚定，加强。

3 疑似：似真似假。

战例

李元昊“抛砖引玉”败宋兵

北宋中期，宋朝的西邻西夏国奇迹般地崛起，成为宋朝的劲敌。1038年，李元昊正式称帝，宋夏关系更加紧张。

1040年，李元昊率重兵袭击宋朝军事要塞金明寨，目标是军事重镇延州（今陕西延安）。为了声东击西，他一面遣使与延州守将议和，一面又诈称攻打保安军（今陕西志丹），他布下10万精兵在延州北面的三川口设伏打援，诱宋军进入包围圈，双方恶战一天，宋军全军覆没。

三川口大败后，宋廷舆论大哗，宋仁宗为挽回大国颜面，调禁军20万、厢军10万、乡兵10万前往陕西，并派大臣韩琦、范仲淹共同负责讨伐西夏。范仲淹对沿边军事部署作了调整，坚壁清野，固守城寨，积极备战，取得了一些胜利，但朝廷对是攻是守一直举棋不定。李元昊抓住这一机会，于1041年实施了对宋的第二次大规模进攻。他故伎重演，一面派人请和，一面亲率大军10万进攻渭州（今甘肃平凉），直逼怀远城（今宁夏西吉），并派兵去诱惑宋军，计划在六盘山下的好水川设伏围歼宋军主力。韩琦得知夏军入境，命宋军穷追到好水川，不见夏军踪影，却在路旁发现几只银泥盒，令人打开后，只见100余只哨鸽腾空飞旋，与此同时，早已埋伏好的10万夏军立即从四面合围，宋军仓促应战，结果惨败，阵亡将校军官数百人、士卒6000余人。次年，李元昊根据宋朝20余万精兵驻于沿边，关中空虚的情况，又率骑兵10万突入关中，直捣宋朝腹心之地，使宋军损失士卒9000余人，西夏军又乘胜大掠渭州及沿边一带。而宋朝也无力征讨西夏，遂答应与西夏议和，册封李元昊为夏国主。

刘邓大军发起鲁西南战役

1947年3月，国民党蒋介石集中兵力对我山东解放区和陕甘宁解放区实施重点进攻，企图通过对陕甘宁根据地的进攻，攻占革命圣地延安，打击中共中央和人民解放军的首脑机关，摧毁共产党的“政治根据地”。如果成功，则从东西两翼北上，在华北与人民解放军决战，进而占领东北；通过对山东解放区的重点进攻，将我华东野战军逼至胶东的狭窄地域加以消灭，摧毁共产党的“军事根据地”，同时对东北解放军造成压力。

针对蒋介石把主力集中在我陕北、山东两翼，中间战线兵力空虚的情况，毛泽东和中央军委审时度势，决定向以大别山为中心的广大地区实施战略进攻，逼蒋调回进攻我陕北和山东解放区的兵力，粉碎其重点进攻。为此，中央军委部署以刘伯承、邓小平指挥的晋冀鲁豫野战军主力（称刘邓大军），实施中央突破，先战鲁西南，然后跃进大别山，重建中原根据地，与国民党逐鹿中原。

刘邓大军要挺进大别山，就必须突破敌军重兵防守的黄河天险。刘、邓首长派人详细侦察了敌人的河防体系、河岸形势，并秘密进行了渡河物资准备。敌人自恃黄河天险可抵“四十万大军”，万无一失，所以仅以少部分兵力扼守。为达成渡河行动的突然性，刘、邓首长采取了声东击西的战术，他们先令其他两支配合部队分别向豫北和豫东两方向佯攻，而主力突然渡河作战，一举突破敌人苦心孤诣经营多年的黄河防线。紧接着，刘、邓大军主力又以迅雷不及掩耳之势，乘机直插敌纵深百余里。

刘、邓大军对鲁西南的攻击，直接威胁到敌华东战场的侧翼和后方，蒋介石慌忙调兵遣将，在刘、邓大军前进的道路上共集结了6个多整编师的兵力，企图将刘、邓主力逼回黄河以北，以挽救危局。对此，刘、邓首长利用国民党军在鲁西南地区兵力薄弱、逐批增援的弱点，采取“攻敌一点、吸敌来援、啃其一边、各个击破”的方针连续作战，开辟了对敌作战的广阔战场，摆脱了背水作战的不利局面。至 7 月 28 日，共歼敌 5.6 万余人，彻底打乱了国民党军的战略部署，为我军尔后千里挺进大别山开辟了道路，并由此揭开了我军由战略防御转入战略进攻的序幕。

第十八计　擒贼擒王

导读

“擒贼擒王”出自唐代诗人杜甫的《前出塞》:“挽弓当挽强,用箭当用长。射人先射马,擒贼先擒王。杀人亦有限,列国自有疆。苟能制侵陵,岂在多杀伤。”

“擒贼擒王”作为计谋,指要抓住敌人的要害。

古人之所以强调在两军对垒的战场上要“擒贼擒王”,主要原因在于,古代的作战方式是方阵作战,两军交战,双方主帅通常在中军大营或在“帅”字旗下,因此,一旦斩杀或俘虏敌军主帅,就可以从根本上动摇和瓦解敌人的军心士气,简单快捷地结束战斗,取得胜利。

当然,“擒贼擒王”的含义并不仅限于此,“擒王”既可以指消灭对方首领,更包含着消灭对方指挥体系、主力、有生力量以及“杀手锏”的意思。因为,从根本上说,夺取一个政权,消灭敌对势力,关键在于夺取或消灭其军事力量,而并不取决于杀掉其一两个头面人物,毕竟,敌人的主力、敌人的有生力量和主要武器系统,才是其战斗力的基本支撑,如果将其消灭,也就从根本上取得了战争的胜利。

现代战争早已不是冷兵器时代的白刃格斗,冷兵器时代观阵势旗帜即知敌人主帅位置的战争方式已不复存在,前、后方的界限已经模糊,战争中运用的兵力兵器至为复杂,战场也呈现多维立体化。但“擒贼擒王”之计所反映的深刻军事谋略思想仍有着重要价值。正如任何人都有弱点,高科技兵器也有其关键的薄弱环节和局限性,只要找准敌人作战体系的“七寸”,就完全可以破坏其整体能力,使之丧失主动和优势。

但是,“擒贼擒王”说起来似乎简单,运用起来并不容易,除了要有先进的技术和装备作为基础外,还要求战争指导者有高人一筹的谋略,能够胸怀全局,通观始终,抓住要害,精于“点穴”。

原文

摧其坚,夺其魁,以解其体。龙战于野,其道穷也。[1]

译文

摧毁敌人的中坚力量,擒获敌人的首领,用以瓦解敌人的整体势力。这就像龙离开水到地上作战一样,必然道穷智困,无计可施。

注释

1 龙战于野,其道穷也:语出《易经·坤卦》。坤,八卦名。本卦是同卦相叠(坤下坤上),为纯阴之卦。

按语

攻胜则利不胜取。取小遗[1]大,卒之利、将之累、帅之害、功之亏也。全胜而不摧坚擒王,是纵虎归山也。擒王之法,不可图辨旌旗,而当察其阵中之首动。昔张巡与尹子奇战,直冲贼营,至子奇

译文

战胜敌人之后,往往利益取不胜取。如果只顾小利益而丢掉大利益,那是普通士兵之利、将军们的麻烦累赘、统帅的祸害、成功中的欠缺和败笔。大获全胜而没有摧毁敌人坚固的防守,没有擒捉到敌人的首领,这是放虎归山,后患无穷。擒拿敌人首领的方法,不能只看敌方的旌旗标志,而应当注意观察敌阵中首脑部位的动静。以前张巡与尹子奇

麾下,营中大乱,斩贼将五十余人,杀士卒五千余人。巡欲射子奇而不识,剡[2]稿为矢。中者喜,谓巡矢尽,走[3]白子奇。乃得其状,使霁云射之,中其左目,几[4]获之。子奇乃收军退还。

作战,唐军直冲敌营,一直冲杀到尹子奇的帅旗之下,敌营上下一片混乱,唐军斩杀敌将五十余人,杀死叛军五千多人。张巡想射杀尹子奇却不认识他,于是让士兵削了禾秆当箭射。中"箭"者心里高兴,认为张巡军中已用尽箭矢,跑到尹子奇身边报告此事。张巡据此认出了尹子奇,便让南霁云射箭,结果射中了尹子奇的左眼,几乎把他俘获。尹子奇只好收兵退却。

注释

1 遗:丢掉,丢弃。

2 剡:割,削。

3 走:跑,此处指"跑到"。

4 几:几乎。

战例

昆阳大战

西汉末年，社会矛盾重重，义军四起。当时势力较强的有王匡、王凤的绿林军，樊崇的赤眉军等，与王莽的新朝对立。

绿林军围攻南阳郡的宛城，进而逼近新朝的统治中心，王莽非常恐慌，令大司空（朝廷最高军事长官）王邑、大司徒（相当于宰相）王寻从各地调集大军42万，号称百万，云集洛阳，企图一举消灭围攻宛城的绿林军主力。刘秀建议由王凤、王常坚守昆阳，而自己则率十三骑突围求援，到郾城、定陵一带调集兵力，夹击官军。

官军动用全部主力，把昆阳城层层包围起来，使用挖地道攻城、用楼车攻城等各种方法，轮番发起猛烈攻击。面对官军的进攻，起义军坚守危城，顽强抵抗。六月，突围成功的刘秀如期率1万余援军增援昆阳。王邑、王寻见援兵不多，就只调了数千人前去迎战。刘秀率军奋勇冲杀，首战告捷。这时，起义军主力已经攻克宛城，但捷报尚未传到昆阳，刘秀为了鼓舞士气，动摇敌人军心，制造了攻克宛城的战报，并射入城中，还故意让官军也得到情报。消息传出，起义军士气更加高涨，守城更加坚决。敌方则因为久攻昆阳不下，士气十分低落。

刘秀初战获胜后，又挑选3000名勇士，出其不意迂回到昆阳城西官军侧后，向官军的指挥部发起猛攻。王邑、王寻仍然盲目轻敌，但官军大部分是临时被胁迫来的农民，战斗力不强。起义军乘官军队形大乱时突击，杀掉王寻。这时，城内的绿林军也乘势出击，夹攻官军，官军全线崩溃。绿林军取得昆阳大捷后，立即兵分两路，乘胜追击，并很快攻陷洛阳，直捣长安，推翻了王莽的新王朝。

昆阳之战中，起义军以不到1万人的兵力牵制了王莽主力42万人，既保障了主力围攻宛城的行动，又消耗了敌人的兵力。同时，刘秀英勇果敢地从外线进行反击，又利用敌人骄傲轻敌的弱点，出其不意地袭击敌人的指挥部，擒贼擒王，一战而胜，创造了中国战争史上以少胜多、以弱胜强的光辉战例。

李愬雪夜袭蔡州

唐宪宗元和九年（814）闰八月，淮西节度使吴少阳卒，其子吴元济径自接掌军务，发兵四处攻掠，闹得中原一带不得安宁。淮西地处中原腹心，扼江淮至长安的漕运之道，直接影响着唐朝的经济来源。同时，如果容忍吴元济拥兵自立、独霸一方，则其他地方藩镇更不把朝廷放在眼里，国家统一的局面势难维持。唐宪宗决心铲除吴元济。

元和十年（815），吴元济向称霸一方的割据势力王承宗、李师道求援。王、李二人对朝廷讨伐吴元济未免兔死狐悲，于是一面上表请求赦免吴元济，一面出兵策应淮西，并刺杀力主讨吴的宰相武元衡。但一向有志于削平藩镇割据的唐宪宗决心已定，丝毫不为所动，并起用李愬为西路军统帅。

李愬抵达唐州（今河南泌阳）后有意柔懦懈惰以麻痹敌军，使其不再严加防范；又设计生擒吴元济的大将李祐，免其一死并加以重用。李祐为李愬的信任和重用所感动，尽心为李愬袭取蔡州出谋划策。另外李愬还优待被捕的间谍，令其反为自己所用。如此种种，李愬很快摸透了敌方的底细，为成功奇袭蔡州奠定了基础，最后又将主力进驻距蔡州仅65公里的文城栅。

九月，李祐向李愬建议乘虚直攻蔡州，李愬立即进行了军事部署。十月初十，李愬利用风雪交加，敌军放松警戒之机，命李祐等率训练有素的敢死队3000人为前锋，自己亲率3000人为中军，李进诚率3000人殿后，冒着大雪秘密向蔡州进发，并对此行严格保密。夜半，雪愈下愈大，唐军强行军70里，于四更时终于抵达蔡州城下。近城处有鸡鸭池，李愬下令士卒击打鸡鸭以掩盖行军声。而自吴少诚割据以来，蔡州城30余年没来过官军，守城军卒根本不会想到朝廷会派军攻城。所以，唐军兵临城下，竟无一人发觉。唐军登上外城城头后，杀死熟睡中的守门士卒，却留下巡夜者，并不惊动敌人，李祐遂率军全部入城。天亮时分，大雪渐止，李愬率军已占据了吴元济外宅。这时，有人觉察情况有异，急报吴元济，吴却不以为然，直至听到唐军传令之声，才感大事不妙，赶紧率左右登牙城抗拒，企图等待手下大将董重质前来解围。李愬又马上厚待董重质家属，董重质感于大义投降李愬，吴元济遂孤立无援。

十二日，唐军再次攻打牙城，蔡州百姓也帮助唐军焚烧牙城南门，黄昏时分，吴元济投降，唐军平定淮西的战争至此胜利结束。

第四套　混战计

第十九计　釜底抽薪

导读

关于“釜底抽薪”的出处，说法有二。

一说出自《吕氏春秋·尽数》：“夫以汤止沸，沸愈不止，去其火则止矣。”另一说出自《淮南子·精神训》：“故以汤止沸，沸乃不止，诚知其本，则去火而已矣。”以上二者大意相同，意为：“水烧开了，再兑开水进去是不能让水温降下来的，根本的办法是把锅底下的柴火抽出来，这样水温自然就降下来了。”此计用于军事，是指对强敌不可用正面作战取胜，而应该避其锋芒，待削减敌人气势后，再乘机取胜的谋略。

俗话说：“临渊羡鱼，不如退而结网；扬汤止沸，不如釜底抽薪。”军事斗争也同此理。在敌强我弱或敌我力量相当的态势下，如果逞一时之勇，同敌人硬碰硬，采用“牛抵角”的战术，结果即使不失败，也会两败俱伤。相反，撇开强点，避敌锋芒，设法削弱或破坏敌人发挥战斗力的基础，转换敌我优劣态势，则巧能成事，也更符合战争的效益原则。要实现“釜底抽薪”，关键是要通观战争全局，正确分析敌情，搞清楚敌人的要害所在，然后抓住能够影响战争全局的关键所在和敌人的弱点，因势利导地冲其要害，攻其弱点，最终实现避实击虚，战而胜之。

理解了“釜底抽薪”的原理，实施“抽薪”就应不拘一格。即，既可以从物质方面“抽薪”，也可以从精神方面“抽薪”；既可以在战略层面上运用，也可以在战役、战术上广泛运用。

从战争史上已有的成功实践看，“抽薪”大概有以下几类：

一是断敌粮草。冷兵器时代，粮草是军队战斗力的主要支撑，所谓“兵马未动，粮草先行”“军无辎重则亡”都是这个道理。所以，历代兵家都在粮草上大做文章，如楚汉战争时刘邦“据敖仓之粟，塞成皋之险”，在正面战场顶住项羽的进攻；东汉末年官渡之战，曹操乌巢劫粮，袁绍立马败北。即使在现代战争中，各种现代化武器装备如飞机、军舰、坦克，仍然离不开“粮草”（油料等各种后勤供应），如果在能源上卡住了敌人的脖子，实际上也就达成了“釜底抽薪”之效。

二是攻心夺气。人的意志和气势是战斗力的重要构成因素，如果摧毁了敌人的战争意志，扼制了敌人的气势，也就从根本上取得了战场的主动，这是精神方面的“釜底抽薪”。

三是破坏敌人战略后方。后方往往是敌人的后勤供应基地，最有隙可乘，对敌后方和纵深实施攻击，也是达成“釜底抽薪”的有效办法。

原文

不敌其力[1]，而消其势[2]，兑下乾上之象[3]。

译文

不要直接抗击敌人的锋芒，而要设法削弱其气势，这就是《易经·履卦》所说的以柔克刚的道理。

注释

1 力：指锋芒。

2 势：气势。

3 兑下乾上之象：《易经》六十四卦中，《履卦》为“兑下乾上”，意思是以柔克刚。

按语

水沸者，力也，火之力也，阳中之阳也，锐不可当。薪者，火之魄也，即力之势也，阳中之阴也，近而无害。故力不可当[1]而势犹可消。《尉缭子》曰：“气实则斗，气夺则走。”而夺气之法则在攻心。昔吴汉为大司马，尝有寇夜攻汉营。军中惊扰，汉坚卧不动。军中闻汉不动，有顷乃定。乃选精兵夜击，大破之。此即不直当其力而扑消其势力。宋薛长儒为汉州通判，戍卒开营门，放火杀人，谋杀知州、兵马监押。有来告者，知州、监押皆不敢出。长儒挺身出营，谕之曰：“汝辈皆有父母妻子，何故作此？然不与谋者，各在一边。”于是不敢动。惟本谋者八

译文

水之所以沸腾，靠的是力量，那就是火的力量，火的力量强大无比，锐不可当。柴草，是火的命根子，也即力所依靠的“势”，但它只是蕴藏着“力”，因此靠近它并没有什么伤害。所以“力”不可阻挡但“势”却可以消解。《尉缭子》说：“气势旺盛就能勇敢战斗，气势丧失就会溃败逃跑。”而使敌人丧失气势的方法就在于攻心。从前吴汉任大司马，有一次敌人在夜间进攻吴汉大营。军中惊慌混乱，可吴汉却安睡不动。军中上下听说吴汉如此镇定自若，一会儿就变得安定了。于是吴汉挑选精兵连夜反击，大破敌军。这就是不直接面对敌之锋芒，而善于消弭瓦解敌人气势和力量的做法。宋代薛长儒担任汉州通判时，士兵打开营门，放火杀进城内，企图杀死知州和兵马监押。有人前来报告情况，知州和兵马监押都不敢出门平叛。薛长儒挺身出大营，诫谕哗变士兵说：“你们都是有父母妻子儿女的人，为什么要干这种事情？不过，只要你们不是参与谋划的人，都站到一边去。”于是被裹挟参加哗变的士兵都不

人突门而出，散于诸村野，寻捕获。时谓非长儒，则一城涂炭矣。此即攻心夺气之用也。或曰：敌与敌对，捣强敌之虚，以败其将成之功也。

敢动。只有八个主谋冲出城门逃跑，分散躲藏到野外村落，不久就被捕获了。当时人们都说，如果没有薛长儒，恐怕全城都要遭受浩劫了。这就是对攻心夺气的具体运用。也有人说：两军对垒，要抓住强敌的致命弱点予以打击，从而使敌人功败垂成。

注释

1 当：同“挡”。

战例

袭乌巢曹操破袁绍

东汉末年，黄巾起义爆发。在镇压农民起义的过程中，形成了大大小小10余股割据势力，其中以占有幽、并、冀、青四州的袁绍和据有兖州和豫州的曹操实力最强。

东汉建安五年（200），袁绍率精兵10万进军黎阳（今河南浚县东南），企图与曹军主力决战。曹操接受谋士荀攸的建议，亲率主力自官渡北上，声东击西，伪装要渡河进攻袁军后方，使袁绍中计而分兵应战，并阵斩袁绍的大将颜良、文丑。

曹操虽首战告捷，但在总体兵力上仍处于劣势。在众寡悬殊的形势下，曹操决定后退一步在官渡御敌。官渡是许昌北面门户，处于东西两大障碍地带之间，构成一个宽约数十里的“瓶颈”，是袁军从正面进攻许昌时的必经之地。且其地多沙丘，便于修筑防御工事，进行战场建设。曹操利用官渡这一“地利”部署主要防线，既造成袁军的大部队难以展开，又阻断了袁军进攻许都的通道。

同年七月，袁军主力抵达官渡后，依托沙堆立营，摆出东西数十里的长阵。袁曹双方相持数月之久。曹操虽在防御中连打几次胜仗，但由于粮食储备供应不足，士卒疲惫，处境日益困难。曹操谋士荀彧建议继续坚守危局，同时积极寻找战机。

同年十月，袁绍派车运粮，并屯粮于袁军大营以北40里的乌巢（今河南延津东南）一带，且没有重兵守卫。正在此时，袁绍的谋士许攸投奔曹操，建议曹操轻兵袭击乌巢，烧掉屯粮，让袁绍不战自败。曹操也认识到袭击乌巢屯粮是关系全局胜负的关键，就果断采纳了这个建议。这时，袁绍也得到了曹操将要袭击乌巢的消息，但他却想趁曹营空虚之机一举将其攻破，于是下令大将张郃、高览率军进攻官渡。曹军很快攻下乌巢，然后迅速折回官渡，与留守的将士一起夹击袁军。张郃、高览二将逃回袁营后受到郭图的陷害，一气之下反投奔了曹操。袁绍失去了谋士许攸，又走了张、高二员大将，尤其是乌巢粮仓被烧，犹如“釜底抽薪”，顿时军心惶惶，斗志涣散。曹操乘机发起总攻，袁军四散而逃，一败涂地，被歼 7 万余人，只有袁绍和儿子袁谭带着不足 800 人的骑兵逃回了河北。

“釜底抽薪”，多国部队发起“沙漠风暴”

1990年8月2日，伊拉克出兵邻国科威特，并于8月8日宣布科威特为其第19个省。为了制服伊拉克并控制海湾石油资源，美国总统布什下令向海湾部署军队，并以执行联合国决议的名义建立多国部队。

伊拉克毕竟是地区强国，战斗力不可小觑，加之内线作战，占有一定优势。美军决定不再按常规出牌，转而实施电子“软杀伤”，以削弱伊军作战能力。

1991年1月17日凌晨2时30分，多国部队开始了第二次世界大战以来最大的空袭——“沙漠风暴”行动。开战以后，多国部队从伊拉克周边国家机场和航空母舰起飞大批飞机，连续不断对伊军侦察、通信等系统进行全方位的电子干扰，使伊军雷达、预警系统失去了应有的预警能力，顿时成了又聋又瞎又哑的现代巨人。

17日至20日，多国部队的战斗机、轰炸机实施高强度饱和轰炸，一时间，伊拉克上空布满了各种型号的飞机，遮天蔽日，地面则成为一片火海。在之后持续近一个半月的空袭中，伊军大量指挥中心、机场、导弹阵地、工厂等在轰炸中被毁，数万士兵丧生，伊军的战斗力和士气急剧下降。

在整个海湾战争期间，60多架电子战飞机和24架反雷达飞机所起的作用与其他飞机和兵器相比毫不逊色。海湾战争显现了电子战“软杀伤”的巨大威力，使电子对抗从一种普通的作战保障手段上升为一种前所未有的、有效的直接攻击手段，配合以其后的空中轰炸，达成了典型的“釜底抽薪”之效，直接导致了伊拉克的迅速失败。

第二十计　混水摸鱼

导读

“混水摸鱼”又作“浑水摸鱼”，出处不详。国外有一则寓言故事，与“混水摸鱼”颇有异曲同工之妙。说的是一个渔夫在河里捕鱼时，先拦河张网，然后用绳子拴上石块，面向渔网击打水底，鱼吓得到处乱游，有些撞进了网里。有人见渔夫这样做，责怪他把水搅浑了，使人不能喝到清水。渔夫说：“若不把水搅浑，我就捕不到鱼，要是捕不到鱼，我就得饿死。”

《孙子·始计》曾提出过著名的“诡道十二法”，其中之一叫“乱而取之”，意思是说，对处于内部混乱状态的敌人，要抓住时机进行攻取。很明显，《三十六计》中的“混水摸鱼”之计，是对孙子“乱而取之”思想的继承和发展。

在军事斗争中运用“混水摸鱼”之计，最常见的是利用业已存在的混乱局势，顺水推舟，实现自己的战略目的。如我国历史上每当王朝末世天下大乱，分崩离析，各种势力纷争之时，最后的成功者往往就是那些善于“混水摸鱼”者，他们能够在纷繁复杂的现实面前冷静观察、因势定策，确定合理的战略目标，捕捉稍纵即逝的机遇。如韩信为刘邦献策“还定三秦，东向以争天下”，指出刘邦东山再起的契机和应追求的整体目标；诸葛亮《隆中对》提出“三分天下”“两路出兵”的天下大计；赵普《雪夜对》

为赵匡胤点拨了“先南后北,先易后难”的统一天下之策。这些高明的谋略家之所以能在混沌中识先机,就在于他们能抓住“利害”这一关键,利用各方势力竞相谋取私利、相互钩心斗角的机会,进行各个击破。

不过,更高层次的“混水摸鱼”者则是主动设法把水搅浑。他们往往不满足于坐以待变,而是胸怀天下,关注时事,主动把握局势演变,往最终目标努力推进。历史上的刘邦、曹操、朱元璋便是其中的佼佼者。

原文

乘其阴[1]乱,利其弱而无主。随,以向晦入宴息。[2]

译文

乘敌人内部发生混乱之际,利用其力量虚弱而又无人主事的局面。这就是《易经·随卦》所说的道理:使敌人顺从我,就像人随着日出日落而饮食睡眠一样自然。

注释

1 阴:此处指敌人内部。

2 随,以向晦入宴息:语出《易经·随卦》。《随卦》的《象》辞说:“泽中有雷,随,君子以向晦入宴息。”

按语

动荡之际,数力冲撞,弱者依违无主。敌蔽[1]而不察[2],我随而取之。《六韬》曰:“三军数惊,士卒不齐,相恐以敌强,相语以不利,耳目相属[3],妖言

译文

社会动荡的时候,数股势力互相碰撞,弱小集团往往游离其间,无所依靠。这时如果敌人懵懵懂懂,没有察觉到这一情况,那么我们就应随即攻取这个弱小集团。《六韬》上讲:“如果全军上下多次受到惊动,士卒散漫行阵不整,都因敌人强大而恐惧,互相说着作战不利的消息,

不止，众口相惑，不畏法令，不重其将，此弱征[4]也。”是“鱼”，混战之际，择此而取之。如刘备之得荆州、取西川，皆此计也。

交头接耳，谣言四起得不到制止，互相煽惑欺蒙，不畏惧法令，不尊重将帅，这些都是军队虚弱的征兆。”这样无所适从的“游鱼”，就应当乘着混战的机会，选择其为打击的对象加以攻取。如刘备当年夺取荆州、攻占西川，都是这一谋略的运用。

注释

1 蔽：昏聩。

2 察：知晓，发觉。

3 耳目相属：交头接耳的样子。

4 征：征兆。

战例

李渊“混水摸鱼”夺天下

隋朝末年，全国各处爆发农民起义，隋王朝大厦将倾。关陇贵族李渊时任太原留守。太原自古为军事重镇，是首都长安的北方门户，兵源粮饷充足，一旦有变，可以顺利进据关中，最起码也可据河东自立。李渊可以说是得坐山观虎斗之便。

老谋深算的李渊秘密从事着反隋的各项准备。他根据当时的形势，与儿子李建成、李世民以及心腹幕僚制订了周密策略，即以拥隋为旗号，利用河东地近关中、便于入据的优势，以及各地群雄混战，隋军主力大都远在关外，关中相对空虚、外无救援之良机，乘虚起兵，一鼓而下夺取关中，取得政治上的优势，挟天子以令诸侯，据关中形胜之地积蓄力量，壮大自己的实力，为进一步统一全国打下基础。

正在李渊紧锣密鼓准备之际，全国形势发生了重大变化，隋炀帝被困扬州，各地反隋的农民起义军已形成3个中心，并向隋朝统治的中心地区进发，隋朝的灭亡已指日可待。李渊看准机会，暗中与农民起义军联络，密诏长子李建成、四子李元吉及女婿柴绍赶赴太原，共商起兵大计。一切准备就绪，他立即于隋大业十三年（617）在太原举行誓师大会，树起了反隋大旗。

太原起兵后，李渊按照既定的战略方案，部署军队进军关中。他亲率3万精兵，与李世民一起向隋朝统治中心长安进发，沿途招募人马，充实队伍，几乎兵不血刃就攻取了长安。当时不少人建议李渊自立为天子，李渊为避免过早成为矛盾焦点而拒绝了，他深谋远虑地立隋炀帝的幼子为皇帝，摆出一副扶持隋朝的姿态，打出只反隋炀帝而仍拥护隋朝的旗号。这一旗号争取到了隋朝官员和将领的支持，这些人成为李渊日后依靠的重要力量。

618年，隋炀帝在江都被宇文化及缢杀，李渊正式称帝，建立唐朝。此后，他以关中为根据地，西取河陇，稳定后方，并不失时机地逐鹿中原。在此后的几年中，又先后铲除王世充、窦建德等割据势力，最终统一全国，开创了大唐200多年的基业。

让美军自己人打自己人

第二次世界大战中，法西斯德国为了达到争夺世界霸权的目的，不仅多次实施突然袭击，而且还惯于玩弄“混水摸鱼”的伎俩，使盟军多次受到重创。

1943 年 5 月，英美联军为尽快战胜法西斯德国，制订了进攻意大利西西里岛的作战计划。英美联军司令部用电报给美国某空军基地发了一份绝密电令，命美军务必于 5 月 8 日 23 时前完成向该岛运送空降部队的任务。但电报不幸被德国情报部门截获并破译。

德军得知英美联军这一作战计划后，立即制订了一个针锋相对的电子干扰破坏计划，通过对飞行中的美国运输机群进行电子干扰，破坏美军空军基地与运输机群的通信联络，发假信息，让美军自己人打自己人。

5 月 8 日，德军抢在美军行动之前，派出轰炸机按照惯例在 5000 英尺的高度水平轮番轰炸美军舰，以引诱美军舰产生错觉，认为凡是该飞行高度的飞机都是德军的飞机。德军在欺骗性的轰炸行动过后，开始了“搅浑水”的第二步工作，即对美空军基地及运输机群实施高强度的电子干扰。

德军突然的电子干扰，使美军的运输机群顿时失去了与地面空军基地的联系，无法继续执行飞行任务，就在飞行员一筹莫展之际，耳机中突然传出“请保持 5000 英尺高度”的地面指挥命令。美军飞行员没有丝毫怀疑就立即按该命令执行了。但这些飞行员做梦也没有想到这些指令是假冒的。结果，当美军运输机群飞临上空时，那些刚刚遭到德军轰炸机狂轰滥炸的美军舰一见这些飞机的飞行高度是 5000 英尺，以为是德国空军再次前来撒野，于是万炮齐发，对着这些飞机就是一阵痛击，许多飞行员还没明白过来是怎么回事，就连同飞机和机上的空降兵一起葬身大海。

第二十一计　金蝉脱壳

导读

“金蝉脱壳”这个成语的出处说法不一。一说出自元代关汉卿《谢天香》第二折:“便使尽些伎俩,干愁断我肚肠,觅不的个脱壳金蝉这一个谎。”一说出自马致远《马丹阳三度任风子》:“吓的我五魂销,怎提防笑里刀, ……天也,我几时能勾金蝉脱壳。”

“金蝉脱壳”本指寒蝉在蜕变时,本体脱离皮壳而走,只留下蝉蜕还挂在枝头。此计用于谋略,是指通过伪装摆脱敌人,撤退或转移,以实现我方战略目标的谋略。

从理论上讲,“金蝉脱壳”是对《孙子兵法》中“虚者虚之”用兵原则的实际运用。它要求在对敌斗争时,积极使用各种欺骗手段,摆出一副似真实假的阵势,让敌人“以假为真”,上当受骗,在防御重点和防御方向上判断失误,而我之主力却趁机对敌防御虚弱的部位实施进攻。如通过暗中转移主力和变化部队部署,转移敌人视线,进而摆脱敌人,或对敌实施出其不意的攻击。

“金蝉脱壳”之计在军事上可适用于多种情况。

其一,它常常是战争中处于劣势的一方实施安全退却的一种方式。在大敌当前,进不可攻、退无可退的不利情况下,通过制造假象迷惑敌人,引诱敌人判断失误,从而安全转移兵力,改变被动地位,为实现东山再起创造条件。

其二,在与敌人的角逐中,为达成自己的目的,主动暗中转移主力,巧妙分身,实施机动作战。

在解放战争的战略决战阶段,以毛泽东为首的中央军委为了防止傅作义集团南撤,实现将其就地解决的战略目的,在战前采取了一系列转移敌人视线的措施:1.在辽沈战役尚未结束之际,就指示东北野战军以一部组成先遣兵团先行入关,往河北遵化、天津蓟县一带待机,隐蔽我军下一步的战略目标;2.命令我华北野战军将主力撤至归绥、集宁之间休整待机;3.命令华北野战军第一兵团就地休整,待东北野战军主力入关后再继续攻打太原;4.指示电台滚动播放东北野战军在东北地区庆功的消息,制造处于休整状态的假象,对蒋介石、傅作义进行麻痹。这些措施隐蔽了我军的战略企图,使蒋介石对局势判断错误,来不及南撤。我东北野战军主力却突然抄捷径隐蔽入关,神兵天降,将天津、唐山之敌包围,彻底切断了敌人南撤的海上通道。正是由于我军的大规模兵力转移,才达成了平津战役的战略突然性。这些都离不开"金蝉脱壳"之计的巧妙运用。

原文

存其形,完其势,[1]友不疑,敌不动。巽而止,蛊。[2]

译文

保持阵地的形状,维持原有的态势,使友军不产生疑虑,使敌人不敢贸然进攻。这就是《易经·蛊卦》所说的道理:隐蔽自己的行动企图,以迷惑敌人。

注释

1 存其形,完其势:保持阵地的形状,维持原有的态势。

2 巽而止,蛊:语出《易经·蛊卦》。

按语

共友击敌，坐观其势。倘另有一敌，则须去[1]而存势。则金蝉脱壳者，非徒走[2]也，盖为分身之法也。故我大军转动，而旌旗金鼓，俨然原阵，使敌不敢动，友不生疑。待已摧他敌而返，而友敌始知，或犹且不知。然则金蝉脱壳者，在对敌之际，而抽精锐以袭别阵也。

译文

与友军联合打击敌人，必须冷静地观察战局的发展态势。倘若发现有另一股敌人出现，就必须分兵迎敌并同时在表面上保持原有的阵势。所谓“金蝉脱壳”，并非只是为了退却，而是分兵作战的一种方法。所以当我方大军实施机动时，在旌旗金鼓的部署上，看起来要和原来的阵势完全一样，使得敌人不敢轻举妄动，也使友军不产生怀疑。等到已经击败别股敌军再返回时，友军和敌军才知道实情，甚至仍没有发觉。由此可见，所谓“金蝉脱壳”，是指在与敌人相对峙之际，抽调精锐部队去攻击别部之敌。

注释

1 去：分化，使减少。

2 走：逃跑，退却。

战例

姜维巧计回汉中

三国后期，景元四年（263）五月，魏国独揽朝政的大将军司马昭征调18万大军前往关中灭蜀。令邓艾、诸葛绪、钟会三路配合，对驻守在沓中（今甘肃舟曲、迭部一带）的蜀将姜维进行包抄堵截，准备在夺取汉中（今陕西汉中）后乘胜入川，进逼蜀国国都成都。

蜀主帅姜维判断出了魏国意图，他上表后主刘禅，请求增强汉中外围要点的防御，但昏庸的刘禅不以为然，蜀国危在旦夕。

战争局面不出所料地对蜀军极为不利：魏将钟会大军很快数道并进，顺利打开由汉中入蜀的门户。在此危急时刻，能否扼守由汉中入川的剑阁天险（在今四川剑阁县东北大剑山、小剑山之间），成为保存蜀国的关键，而要扼守剑阁，姜维所率的蜀军主力必须及时回撤。

魏军大将邓艾企图将姜维围困于沓中，以确保钟会主力攻入汉中。姜维担心入川要道阳安关（在今陕西勉县西）有失，立即率主力向汉中进发。但这时他已陷入魏军的围追堵截之中。在认真分析了敌情后，姜维毅然率军抄道孔函谷（在今甘肃舟曲东南），顺利到达阴平（今甘肃文县西）与蜀援军廖化会合，然后折向北道，攻击魏将诸葛绪侧后，以调其回援。诸葛绪果然上当，认为姜维北进意欲绕道而东，遂贸然率军离开桥头（在今甘肃文县东南白龙江畔）而后退了30里，姜维迅速回军从诸葛绪让出的桥头通过，成功地在魏军前堵后追的不利形势下，摆脱魏大军钳制，使主力完成了有战略意义的转移。

姜维通过桥头后，在退却中又胜利地同其他援军会合，军势大壮，但因为这时阳安关口已经陷落，姜维遂决定放弃原定的保卫汉中的计划，改为退守剑阁，以保蜀中。

魏军主帅钟会在突破汉中防御后，沿金牛道（在今陕西勉县西南）向前推进。金牛道是入蜀的咽喉大道，一夫守关，万夫莫开。钟会率军至此，被先期到达的姜维主力堵个正着，10余万魏军在蜀军的阻击下无法前进。魏国灭蜀的如意算盘被完全打乱。

李自成计出车箱峡

明朝末年，爆发了轰轰烈烈的农民大起义。其中以李自成势力较为强大，对明王朝最具威胁。明军主帅陈奇瑜上任后，立即对农民军进行四面围剿。

在明军优势兵力的大举进攻下，李自成为保存主力，派出一部兵力出击四川。引诱明军主力入川后，李自成立即率主力进行战略转移，分兵三路向明军防御薄弱的湖广进军，但行至兴安府（今陕西保康）时，与陈奇瑜从四川撤回的官军仓促遭遇。李自成因兵力寡少未能突围，在被迫撤退途中误入车箱峡之中。

车箱峡在军事上可谓“绝地”，两侧是耸立的高山，难以逾越，中间是一条长十余里的峡谷，人烟稀少。陈奇瑜见农民军陷入峡谷之中，立即分遣人马，扼守峡谷的各个隘口及四面山顶，将整个车箱峡围得铁桶一般。

偏在这时，又下起了大雨，且一下就是70多天，结果农民军“刀刃锈蚀，弓弩弛解”，士兵缺衣少食，十有九病，面临全军覆没的危险，围堵的明军又不失时机地射下文书招降，大搞攻心计。照此情景，如果再拖下去，必将出现军心不稳、斗志瓦解的严重局面。

李自成谋士顾君恩建议：陈奇瑜大军中的监军杨应朝是个贪心之辈，可对其进行收买，并以愿意接受招安来麻痹明军，之后相机脱离险境。李自成同意了这个计划，并马上派顾君恩前往执行。

顾君恩见到杨应朝后，立即送上重礼，表达愿受朝廷招安的意思。杨应朝见钱眼开，当即承诺劝说主帅陈奇瑜。顾君恩又分头将陈奇瑜身边的将官们贿赂了个遍。结果这些官员们都劝陈奇瑜以招安的方式尽快结束围剿。陈奇瑜一时也昏了头脑，修书上奏朝廷力主招安。

不明前线情况的崇祯皇帝批准了陈奇瑜的请求。于是，陈奇瑜立即派人安抚农民军，农民军饱食整旅后走出了车箱峡，渡过了难关。到了闰八月，农民军在明军的监视下沿栈道出了汉中，前往故土绥德、清涧等地。但明军做梦也没有想到，一天夜间，农民军将士突然尽杀明军安抚官，再次起义，一连攻克宝鸡等地，队伍迅速扩大到 20 余万人。

陈奇瑜大梦初醒，飞速调集大军进行堵截。消息传到北京，崇祯皇帝龙颜大怒，以“失察误国”的罪名将其下狱。

第二十二计　关门捉贼

导读

“关门捉贼”是流传已久的民间俗语,其意不言自明。它与另一民间俗语“关门打狗”的意思相近。后来人们把日常生活中的这种小智谋移用于战争,便有了不同凡响的意义。在军事实践中,它与军事家和军事指挥员们常讲或常用的围歼战、口袋阵等大体相当。

“关门捉贼”揭示的是集中兵力这一古今通用的军事原则。在战争中,通过高明的战略布局陷敌于战略包围,或在敌人必经之路设下机关,诱敌深入,形成瓮中捉鳖、关门打狗之势,都是“关门捉贼”集中兵力原则的巧妙运用。

集中优势兵力之所以成为古今用兵的通则,道理很简单。

其一,战争是敌对双方力量的较量,以强胜弱是战争的规律,而以少胜多、以弱胜强的战例,则是因为弱者在特定时间和地点在战斗能量上占了优势。所以,只有集中自己的兵力兵器,才能发挥强大的作战效能,形成对敌优势。孙武说过:“我专而敌分,我专为一,敌分为十,是以十攻其一也。”(《孙子·虚实》)所以,高明的指挥员宁可集中力量小口小口吃,也不愿分散力量贪多吃大,受制于敌。

其二,在敌我力量抗衡的战场上,任何一方不管力量多么强大,要达到在任何时候、任何地点、任何方向都比对手强大,几乎是不可能的。因为，力量强大的一方如果平均使用兵力，没有重点进攻方向，势必分散力量，难以实现自己的战略意图。但反过来，在一定的时间和空间内，在某个关键领域里建立或保持较大的优势，改变敌我力量对比，造成有利于我的战场态势，是可以甚至是必须做到的。因此，古今中外的军事理论家无不强调在决定性的时间、方向和地点，尽可能地集中自己的兵力兵器，同时造成敌人兵力的分散，实现孙子所说的“并敌一向，千里杀将”。

至于集中兵力的手段，一方面要将分散配置或分散行动的部队调集一起，另一方面关键是要善于伪装和佯动，造成“我专而敌分”的态势。把兵力集中使用于同一方向、区域和目标，打击敌人要害且虚弱的地方，形成对敌优势，事半功倍地夺取胜利。

历史上实施“关门捉贼”的主要战法是进行伏击战和包围战。如刘邦与项羽在垓下决战时，大将韩信指挥汉军 30 万人马的绝对优势兵力，设下十面埋伏，彼此间环环相应，一举歼灭楚军主力。应该说，这种在敌人处于劣势时的大兵团埋伏包围战，是历史上“关门捉贼”的典型方法。毕竟，在缺乏火力兵器的情况下，实行全歼作战并非易事，所以，只有运用多路埋伏的伏击战法，才能达到目的。

原文

小敌困[1]之。剥，不利有攸往。[2]

译文

对于弱小之敌，应该围困起来加以歼灭。正如《易经·剥卦》所说：不要让对手逃脱再去追击，那样做对己不利。

注释

1 困：围困。

2 剥，不利有攸往：语出《易经·剥卦》。卦辞：“剥，不利而攸往。”意为：不要让对手逃脱再去追击，那样做对己不利。

按语

捉贼而必关门者，非恐其逸[1]也，恐其逸而为他人所得也。且逸者不可复追，恐其诱也。贼者，奇兵也、游兵[2]也，所以劳[3]我者也。《吴子》曰：“今使一死贼，伏于旷野，千人追之，莫不枭视狼顾。何者？恐其暴起而害己也。是以一人投命，足惧千夫。”追贼者，贼有脱逃之机，势必死斗；若断其去路，则成擒矣。故小敌必困之，不能，则放之可也。

译文

捉拿盗贼之所以一定要关上大门，不是担心他逃脱，而是怕他逃脱后被他人所利用。而且对已逃脱的盗贼不能再追赶，因为要担心中他的诱骗之计。这里所说的贼，是指敌人的机动部队、行踪不定的兵力，目的是使我们疲惫不堪。《吴子》上说：“现在假设有一个穷凶极恶的暴徒隐伏在旷野之中，上千人追捕他，没有一个人不像枭鸟和豺狼一样战战兢兢、瞻前顾后。这是什么原因呢？就是惧怕这个亡命之徒突然跳出来伤害自己。所以，一个人拼命，足以使得上千人惊慌恐惧。”追贼的时候，贼只要有一线逃脱的希望，势必拼死搏斗；如果切断他的一切退路，他就只好束手就擒了。所以，对弱小之敌必须加以包围聚歼，如果做不到这一点，那么暂时放过它也是可以的。

注释

1 逸：逃跑，逃脱。

2 游兵：行踪不定的兵力。

3 劳：使之劳顿、疲惫。

战例

秦赵长平之战

公元前260年四月，秦昭王派王龁率军攻赵，赵王派名将廉颇迎击秦军于长平（今山西高平），因为秦强赵弱，赵军连战皆败，损失较大。廉颇决定改变战略方针，令赵军依托有利地形，筑垒坚守，拒不出战，使远道而来的秦军疲惫。

秦军与赵军在长平一带相持数月，秦军没占到便宜。为改变被动局面，秦国决策层转而实施反间计，故意制造舆论，贬低赵军主帅廉颇，说秦军最惧怕赵国已经去世的名将赵奢的儿子赵括，因为此人熟读兵书，富于韬略，秦军闻名丧胆。

赵王本来就对廉颇迟迟不与秦军决战感到不满，听到这些消息，更加动摇了对前线主帅廉颇的信任，于是下令由赵括代替廉颇担任主帅。其实，赵括只是纸上谈兵的书生，根本没有战争实践经验。秦王得知离间计成功，立即增加攻赵部队的兵员，并起用白起为上将军。白起马上针对赵括的弱点，实施了精密的部署。公元前260年八月，赵括出击秦军，秦军诱敌部队随即佯败后撤，赵括不问虚实迅速追击，一直追到秦军的预设阵地长壁，结果秦军依托壁垒，坚决扼守，赵军攻势受挫，预先埋伏在此的秦军伺机迅速出击，截断赵军与其营垒的联系，构成对赵军的包围。在秦军的不断出击下，赵军被迫就地构筑营垒，转攻为守，等待援兵。

秦王听到赵军主力被包围的消息，立即下令增援长平，断绝赵国的援军和后勤补给。九月，赵军断粮已达40余天，内部残杀相食，军心动摇，局势危急，数次突围也未成功，赵括则被乱箭射死，赵军投降。

长平之战是中国战争史上的杰作。秦国君臣贯彻正确的战略方针，采用灵活多变的战术，取得了一举歼灭45万赵军的辉煌胜利，削弱了当时关东六国中实力最强的对手赵国，同时也慑服了其他各国，为日后统一全国奠定了基础。在这次战争中，秦国名将白起以自己杰出的指挥才能，示形动敌，用兵如神，完成了对赵军主力的包围，形成“关门捉贼”之势，最后予赵军以歼灭性的打击。

太平军三河镇围歼湘军悍将李续宾

清末，清军围困太平天国首府天京。为改变被动局面，太平军在陈玉成、李秀成等的率领下，于1858年8月在皖北发起攻势，连挫清军，攻克庐州，并准备挥师东向进攻清军江北大营，以减轻天京的压力。

太平军的胜利迫使清军实施东征，将浙江布政使李续宾所部湘军投入安徽战场，企图夺取庐州。李续宾素有“湘军悍将”之称，他不负众望，一路北进，兵锋直指舒城东面50余里的三河镇，准备由此进犯庐州。

三河镇属庐州庐江县，东濒巢湖，是进攻庐州的必经之地，也是庐州西南的重要屏障，同时又是庐州府和豫东南漕运的中转站。控制三河镇，对太平天国来说具有重要的军事、经济意义。清军早就想切断太平天国的这条生命线。

10月24日，陈玉成接到湘军大举东犯安徽的告急信，毅然决定援救，同时请求调李秀成部同往，共同扼制湘军东进势头。11月7日，李续宾兵分三路向镇外太平军的9座营垒发起进攻，太平军实力不敌，退入镇内坚守待援。李续宾虽拔掉太平军的9座营垒，但仍未攻下三河。此时，陈玉成、李秀成也昼夜兼程驰援，进抵三河镇一带的太平军众达10余万人，从南面包抄三河，切断了李续宾的后路，并割断了三河湘军与舒城湘军的联系。这样，李续宾部反而陷入了太平军的层层包围之中。

李续宾急从九江、桐城调兵增援，并于10日率兵折回，猛扑金牛镇太平军大本营。面对强大的太平军，李续宾的部将建议退守桐城。但李续宾一意孤行，认为“军事有进无退，当死战”，竟于11月15

日深夜派兵分左、中、右三路偷袭太平军大营。陈玉成的太平军利用大雾掩护且战且走，将湘军诱至设伏地域，而后忽然从左翼杀出，李续宾大败。

此时，李秀成也率部参战，各路太平军绵延二三十里，环绕进攻，合击湘军，把李续宾内外围定。李续宾闭垒而守，等待援军。但实际上守垒的湘军或逃散，或被太平军阻截在外。李续宾几次突围失败后，军心动摇。在陈、李两军的猛攻下，湘军几乎全部被歼，李续宾自缢身亡。

此次战役对清廷和湘军打击极为沉重。三河大捷之后，陈玉成、李秀成立即挥师乘胜前进，克复潜山、太湖二城，扩大了占领区，粉碎了湘军合围天京的企图，保卫了皖中根据地，对鼓舞士气、稳定江北战局、保证天京的安全和物资供应，都具有重要的战略意义，是太平天国战争后期一次出色的歼灭战。

第二十三计　远交近攻

导读

“远交近攻”出自西汉刘向编订的《战国策·秦策三》:“王不如远交而近攻,得寸则王之寸,得尺亦王之尺也。”这是战国时的纵横家范雎为秦国统一天下而提出的一个战略决策,即结交远邦而攻击邻国,这是一种分化敌人、各个击破的战略。

西方有谚:“敌人的邻居是朋友。”的确,战争是在一定的空间中进行的,也是在一定的战略环境中进行的。各方力量的消长和互为作用,往往导致战略格局的动态变化,进而决定了多极形势下国家所面临的安全环境,影响到国家战略目标的实现。因此,在存在各种不同力量的战略环境中,能否慎重、巧妙地处理好“交”——外交和结盟的问题,无疑直接影响到国家安全,考验着最高决策者的谋略水平。而结盟战略目标的确定、盟友的选择、结盟时机的把握,既是对现存战略格局、战略态势的积极回应,也体现着自身的现实利益要求和对未来的预期,同时又将改变业已存在的战略格局并影响到其未来的发展变化。

于是,统观战略全局,正确认识自己的战略需要,把握枢纽,善于利用各种矛盾,借助各种力量来平衡局势或打破平衡,全盘皆活,使“交”更好地服务于“攻”,从而在各种力量相互制约的战略格局中获取最大战略利益,无疑是“远交近攻”一计的核心所在。这就要求国家政策的制定者充分考虑到地理、政治等因素对战局的影响,分析各种利害关系,合理安排对多个目标实施相应的战略,或“交”或“攻”,区分出轻重缓急,通过对一些势力的暂时联合,达到分化敌人,破解或防止敌人结盟的目的。尤其需要注意的是,有时,尽管与“交”的对象之间会有利益冲突,但为了长远的战略利益,避免树敌过多,与之进行暂时的联合也是必要的,因为这样做更有利于对多个敌人进行各个击破。

当然,“远交近攻”不仅仅是强势一方的制胜法宝。实际上,弱国通过“远交”——联合敌后其他弱国以维持均势或平衡,也可以形成或打破战略均势或平衡,创造有利的防御态势,最起码可以通过联合敌人侧后的邻国,达到牵制敌国力量、减轻己方压力的目的,进而对敌人形成夹击之势,避免使自己处于孤立状态。

原文

形禁势格[1],利从近取,害以远隔。上火下泽[2]。

译文

受地理条件和敌我态势的多方制约,利益好处可以从攻取邻近之敌中得到,威胁祸害可借助山水远隔而得以避免。这就是《易经·睽卦》所说的水与火不同性,却能暂时相安的道理。

注释

1 形禁势格:禁,禁止;格,阻碍。此句意为受到形势的限制和阻碍。

2 上火下泽:见《易经·睽卦》:“上火下泽,睽,君子以同而异。”意思是:火焰往上冒,池水往下淌,志趣不同的,也可以达到暂时的结合,取得一时的共同相处。

按语

混战之局,纵横

译文

在征战混乱的局面之下,离合向背、

捭阖之中，各自取利。远不可攻，而可以利相结；近者交之，反使变生肘腋[1]。范雎之谋，为地理之定则，其理甚明。

合纵连横，各种势力都在争取自己的利益。对距离远的势力不可以进攻，而要根据利益得失的原则与其结交；如果同相邻的势力相结交，反而会使变故发生在自己身边。范雎所提出的远交近攻的谋略，符合地理条件制约性质的行动准则，其中的道理非常清楚。

注释

1 肘腋：手肘和腋下，此处比喻自己身边。

战例

远交近攻，“一扫六合”

商鞅变法之后，秦国国势日强，它西并巴蜀，东侵三晋，南攻荆楚，取得了军事、政治、外交各方面的全面胜利，已成为战国七雄中最强大的国家。而赵国自公元前307年赵武灵王推行“胡服骑射”的军事改革以来，军事实力迅速增长，势力日见壮大，是当时关东六国中唯一能够与强秦抗衡的国家。

秦国要雄霸天下，主要有两个战略方向：一是东进，出崤、函进攻三晋，直取中原，控制战略要地，切断诸侯间的联系，进而兼并六国；一是南下取楚，解除侧后隐患，然后迂回中原，统一天下。为此，秦国在伐魏、韩、赵进展不大的情况下，调整战略方向，派司马错大举攻楚，取得重大胜利。但主持其事的秦相魏冉并无一统天下的长远目标，仅将对外用兵作为巩固自己政治地位的手段，所以秦国统一天下的大业迟迟不能完成，秦王一筹莫展。

公元前270年，魏人范雎来到秦国，向秦王提出“远交近攻”的战略方针和“毋独攻其地而攻其人”的作战指导思想，认为不仅要攻夺六国的土地，更要注重歼灭六国的有生力量，最大限度地消耗敌人的国力。

在范雎看来，天下形势已越来越有利于秦国兼并关东六国，到了收功之时，因为：其一，与秦相邻的韩、赵、魏三国地处天下中枢，兼并这三国是日后夺取天下的关键；其二，远交近攻要“毋独攻其地而攻其人”，即夺取领土与消灭敌人有生力量并举，而近攻韩、魏，正是秦国当下的最好选择。可以看出，所谓“远交近攻”，即对远方之国实行暂时的联合，争取其中立，然后腾出手来对邻近之国实施军事打击，蚕食土地，增强实力，不断扩大自己的疆域。

至于达成“远交近攻”的战略目标，范雎认为首先要利用外交与军事威慑，迫使地处中央地带的韩、魏与秦结好，控制这两国，然后威逼楚、赵，使楚、赵屈服，进而威慑远方的齐国。齐国依附后，再放手兼并韩、魏两国，次第攻取其他各国。

秦昭王对范雎的这一战略设计至为推崇，很快付诸实施。此后，一直到秦始皇，秦国始终把“远交近攻”作为自己的大战略，挥兵东进，步步为营，最后终于灭六国而定天下，实现了“一扫六合”、统一全国的伟大事业。

希特勒的“精彩表演”

1937 年，法西斯德国在完成战争准备后，立即选择“远交近攻”的谋略，开展了一系列的政治和外交诱骗活动。

1938 年初，德国了解到英、法不愿为保证奥地利的独立而战的心理后，立即与东方的波兰签订了互不侵犯条约，然后积极向奥地利渗透纳粹势力，并于 3 月 12 日晨悍然出兵奥地利，一举实现了吞并奥地利的目的。

此时英、法却出卖捷克斯洛伐克的利益对德国搞“绥靖”。对于英、法两国的真实想法，狡猾的希特勒看得明白，于是将计就计，巧妙地让英、法两国同意签订了肢解捷克斯洛伐克的《慕尼黑协定》。

德国全面占领捷克斯洛伐克之后，遂将侵略矛头直指地处中欧、具有重要战略地位的波兰。因为波兰与英、法是军事同盟，又毗邻东方邻国苏联，为了避免两线作战，希特勒又一次玩起外交诱骗，对苏联做出重大让步，促成双方签订《苏德互不侵犯条约》，轻易解除了两线作战之忧。他又邀请意大利和日本与自己缔结军事同盟，以协调各方统一行动。

在确保西方盟国和苏联不会援助波兰之后，德军立即于 1939 年 9 月 1 日闪击波兰，拉开了“二战”的序幕，仅用了两周多的时间就消灭了波兰军队主力。作为波兰盟国的英、法以少量兵力在德国西部发动象征性的攻势，但在西线却一直按兵不动，出现了被称为“西线无战事”的“奇怪的战争”，以致错失战机。希特勒的“远交近攻”策略收到了预期效果，而盟国的各怀鬼胎更助长了德国的侵略气焰。德国继侵占波兰后，迅速将兵力调至西部边境，做好了实施“闪击”荷、比、卢、法等西欧各国的准备。1940 年 4 月 9 日，德军出兵打响入侵北欧的战役，丹麦不战而降，德军又立即袭击挪威，并击退英法联军，占领挪威全境。

5月10日，德军用三个军团共130多个师的兵力入侵西欧，向荷兰、比利时、卢森堡和法国发起闪电般进攻，先后逼迫荷兰、比利时、法国投降。1941年6月22日拂晓，德军又突然向苏联发动了全面进攻，致使苏联措手不及，在战争初期蒙受了巨大的损失，世界反法西斯战争进入了无比艰难的阶段。

希特勒的“精彩表演”蒙蔽了不少人的眼睛，其“远交近攻”的伎俩对于德国有效地协调和集中优势兵力，从易到难地选择作战对象并加以各个击破，都起到了一定作用，这也是德国在“二战”之初能够势如破竹地征服欧洲各国的直接原因。

第二十四计　假途伐虢

导读

“假途伐虢”之计源于历史上一个著名的典故。据《左传》记载，春秋时，虞国和虢国境土相连，可谓是唇齿相依的兄弟之邦。强大的晋国早就对二者有吞并之心，但虞国的最高统治者目光短浅，认识不到与虢国在长远利益上的一致。公元前658年，当晋献公采纳了荀息的计谋，先以名马、宝玉为诱饵向虞国借路，要越过虞国国境攻打虢国时，虞国的国君草率地予以答应。同年夏天，晋军一举攻占虢国的下阳。公元前655年，晋献公故伎重演，又向虞国提出借道的要求，虞国大臣宫之奇以“车辅相依，唇亡齿寒”的道理晓以利害，劝虞公联虢抗晋，但尝过甜头的虞公不顾大臣宫之奇的劝谏，再次予以同意。结果，晋军灭了虢国之后，于回师途中，顺手牵羊把虞国也给吞并了。这样，晋国一石二鸟，一举兼并两国。

晋国“假途伐虢”，先后消灭虢、虞两个小国的战争虽在战争规模上算不上大，却表现了相当丰富的军事斗争艺术，并因此受到历代兵家的重视，因而《三十六计》将其作为一计，以概括军事斗争中这样一条重要的规律：战争指导者应该有意识地掩盖自己的真实意图，利用敌人贪利、畏怯等弱点，以援助的名义加以利诱，或借攻击第三者为理由，顺势渗透自己的势力，控制对方。一俟时机成熟，即以迅雷不及掩耳之势发起攻击，一举消灭或制服对手,达到一石二鸟的目的。

在现代战争中,"假途伐虢"之计仍然极具生命力,其含义也更为丰富。比如,为了达到消灭主要敌人的目的,选择有利的进攻路线,对敌人及其盟友实施远距离、跨地界的连续作战,以收事半功倍、一举两得之效,就是对这一计策的灵活运用。

原文

两大之间,敌胁[1]以从,我假[2]以势。困,有言不信。[3]

译文

处于两大国之间的小国,当敌人胁迫它屈从之时,我方应予以援助,借机扩充自己的势力。《易经·困卦》上说:对于身处困境之中的小国而言,只有口头许诺是无法取得它的信任的。

注释

1 胁:胁迫,迫使。

2 假:借。

3 困,有言不信:语出《易经·困卦》。卦辞:"困,有言不信。"意为:处在困乏境地,是不肯轻易听信别人的空话的。

按语

假地用兵之举,非巧言可诳[1],必其势不受一方之胁从,则将受双方之夹击。如此境况之际,敌必迫之以威,我则诳之以不害,利其幸存之心,

译文

以对敌国用兵为名向邻国借路,这种举动不是靠花言巧语所能诱骗的,而一定是利用该小国所面临的形势不是受一方威胁而屈服,就将会受到双方的夹击。当它处于如此境况之时,敌方必定会以威胁手段迫使它屈服,我便以不侵犯它的利益为诱饵,骗取它的信任,利用它侥幸图存的

速得全势[2]。彼将不能自阵[3],故不战而灭之矣。	心理，迅速控制住整个局势。这样，它也就不能再自成阵势，所以能兵不血刃一举将它消灭。

注释

1 诳:欺骗,诱骗。

2 速得全势:立即把力量渗透进去,控制局势。

3 阵:列阵。

战例

宋太祖“假途伐虢”袭荆湖

北宋建隆三年（962），武平和南平两地割据势力接连发生内乱，衡州刺史张文表发动兵变，威逼武平，武平统治者向北宋求救，宋太祖赵匡胤认为这是统一全国的大好时机，他派人前往南平详细打探形势后马上决定乘南平与武平混乱之际，一箭双雕，以借道为名先灭掉南平，再以应邀救援为名灭掉武平。

乾德元年（963）正月，赵匡胤一面答应出兵援助武平，一面向南平借道，并要求南平派水军300人协助宋军。南平政权内部虽对北宋的借道反应不一，但最终未做任何战争准备。二月初，宋军迅速占领江陵城内各要地，南平只好投降。

以迅雷不及掩耳的行动袭取南平后，宋军又立即征调南平军万余人编入宋军，一起向武平疾进。这时，武平给北宋的捷报称已平息了张文表的内乱，应该说此时宋军的援助已无必要。但宋军仍昼夜兼程直趋朗州，警觉的武平非常恐慌。宋军主帅慕容延钊又派使者前往诱降，但被严词拒绝，为尽快平定武平，宋太祖赵匡胤也亲遣使者进行劝降，但武平方面不予理睬。

招降不成，宋军立即兵分两路，水陆并进，大破武平军于三江口（今湖南岳阳北），缴获战船700余艘，歼灭武平水军4000余人，如期攻下岳州，直捣武平大本营朗州，并很快平定湖南各地。

宋初平定武平和南平之战是一次典型的乘隙而动、“假途伐虢”的战役。南平和武平虽势小力弱，但二者如果联合起来抗击宋军，宋军想一举将其拿下也并非轻而易举。但宋太祖以“借道”为名，乘南平游移不定之际，突然攻下南平。唇亡齿寒、失去屏障的武平也很快被灭。此后，北宋的势力得以伸向长江以南，并控制了长江中游这一战略要地，为日后消灭后蜀和后唐等割据势力创造了有利条件。

苏联出兵捷克斯洛伐克

20世纪60年代后期，捷克斯洛伐克为摆脱困境，以杜布切克总理为首，实施了一系列的政治经济改革，但这些在以国际共产主义运动领袖自居的苏联“老大哥”看来，显然是“不和谐的声音”。苏联勃列日涅夫政府出于帝国主义的霸权野心，决定给捷克斯洛伐克以“颜色”，实施军事镇压。

苏联背地里进行着紧锣密鼓的军事入侵准备，但表面上却大唱“平等”“互助”“全面合作”的高调，对捷克斯洛伐克进行政治和外交欺骗，以麻痹对方。为了达成出兵捷克斯洛伐克的突然性，苏联还在军事上释放出种种“善意”：苏军元帅亲自到捷克斯洛伐克指挥苏、捷、波、东德共同举行的参谋演习；派国防部长前往捷克斯洛伐克访问，发表会谈公报，强调双方的“传统友好关系”。与此同时，苏联已在靠近捷克斯洛伐克边境的地区集结了几十万大军，完成了军事部署。

1968年8月20日，捷克斯洛伐克首都布拉格的鲁齐内机场的导航台突然出现红灯警报，信号显示是苏联民航飞机因出现机械故障请求允许紧急迫降，捷克斯洛伐克怎敢见死不救，于是立即同意降落。然而，从飞机上下来的却是身着便服荷枪实弹的苏联伞兵，他们立即控制了机场，并将其作为苏军入侵捷克斯洛伐克的前沿指挥部。紧跟着，装备有轻型坦克和反坦克炮的空降部队也陆续被送往捷克斯洛伐克其他机场。

在地面，占有压倒优势的苏联、东德、波兰、保加利亚、匈牙利等华约军队约25万人，兵分18路，在6个小时内控制了交通要道和战略要地，封锁了捷克斯洛伐克与西方国家的边境。捷克斯洛伐克猝不及防就被全面占领，领导人被迫签订公报，并清洗了以杜布切克总理为首的改革派，建立了亲苏政权。在亲苏政权巩固后，苏联虽撤走了大部分华约军队，但仍依据所谓的《苏军暂时留驻捷克斯洛伐克的协定》，将几个师的苏军驻扎在捷克斯洛伐克对新政府进行监视，以保证其对苏联的忠诚。

第五套　并战计

第二十五计 偷梁换柱

导读

“偷梁换柱”原是一句成语，来源于商纣王“抚梁易柱”的传说。据宋代罗泌《路史》记载，桀、纣能“倒拽九牛，抚梁易柱”，原以形容桀、纣力大无穷，后比喻玩弄手法，暗中改换事物的内容或事情的性质，以达到蒙混欺骗的目的。在其后的演变中，“抚梁易柱”变成了“偷梁换柱”。用于军事计谋中时，指乘友军作战不利时，借机兼并他的主力为己方所用。其基本精神就在于通过灵活机动地分配和使用兵力，变换战术，欺骗和迷惑敌人，使敌人以假为真，以虚为实，长处削弱，短处暴露，从而乘机予以消灭。

因为“并战计”主要讨论的是如何控制盟友和在联盟中如何掌握主动权的问题，所以后人为此计所作的按语，也基本是从这一角度加以阐释的。实际上，在军事斗争中运用“偷梁换柱”之计，实施的对象既可以是“友军”，也可以是“敌军”。一般情况下，对“友军”实施“偷梁换柱”之计，属于尔虞我诈、以“友”为敌的不道德行为。不过，也不能一概而论，毕竟，在军事上也是“没有永远的朋友，只有永远的利益”。联盟中的关系往往是错综复杂的，联盟既可以是长期稳定的，也不排除出于策略性的暂时联合。如此，任何一方出于战略目的而朝三暮四，都是正常的。

至于在对敌斗争中实施“偷梁换柱”之计，则主要有两个内容：

其一,通过向敌人要害部门进行渗透,秘密调换和安插骨干,进而控制或收容敌军。

其二,灵活运用分散和集中兵力的办法消灭敌人。通过各种伪装欺骗措施,分散敌人注意力,调动敌人,造成敌人的虚隙。对此,刘伯承元帅有句名言——“以散耗散,以集灭散”。这就是说,要集中自己的兵力,首先得分散敌人的兵力,再集中我方力量,形成局部优势,一举消灭敌人。当然,使用这一方法的关键还在于做到孙子所提倡的“形人而我无形”,即要尽量使敌人暴露而我不露痕迹。敌力一旦分散,就会因处处设防而兵力薄弱,这样,我方即使兵力不多也会在使用时绰绰有余。

原文

频更[1]其阵,抽其劲旅,待其自败,而后乘[2]之。曳其轮也。[3]

译文

调动敌人,使它频繁变更阵势,迫使它抽调自己的精锐部队,等到它自成败势,然后乘机制服它。这就像《易经·既济卦》所说的拖住了车轮,也就使车子停止运行一样。

注释

1 频更:频繁变更。
2 乘:乘机。
3 曳其轮也:语出《易经·既济卦》。《象》辞:“曳其轮,义无咎也。”意为:拖住了车轮,车子就不能运行了。

按语

阵有纵横,天衡为梁,地轴为柱,梁柱以精兵为之。故

译文

阵形有纵有横,阵前阵后部署的兵力“天衡”就像房梁,阵中央部署的兵力“地轴”就像屋柱,这些部位一般都部署精锐主

观其阵,则知其精兵之所在。共战他敌时,频更其阵,暗中抽换其精兵,或竟代其为梁柱,势成阵塌,遂兼其兵。并此敌以击他敌之首策也。

力。所以通过观察对方的阵势,就能知道其精锐主力部署在什么地方。当我与友军联合对敌作战时,应设法让友军频繁变更它的阵势,暗中抽换掉它的精兵,甚至干脆用我方的士兵替代它充当“梁柱”,这样的态势一旦形成,它的战阵就会崩溃瓦解,我方就可以乘机兼并掉这支部队。这就是兼并此敌以攻击他敌的首选之策。

战例

高颎、贺若弼妙策平江南

公元 587 年，隋文帝杨坚根据全国统一形势基本成熟的实际情况，积极将平陈统一南北提上议事日程，立志一举结束西晋末以来长达 200 余年的大分裂局面。

为制定正确的统一战略，部署可行的统一措施，隋文帝开诚布公，鼓励臣下为统一大业建言献策，其中，高颎和贺若弼的策略被采纳，二者有一个突出的共同点，即强调“偷梁换柱”，多方误敌。

高颎提出的误敌之法是：先以部分兵力佯动，诱使陈军集结，待陈军出动后便解甲收兵，如此反复，陈军定会习以为常，丧失警惕，从而削弱和瓦解陈朝的江防能力，为隋军日后的突然袭击提供必要的条件。

贺若弼在所献策略中提出：一是在广陵驻军万人“番代往来”，进行频繁的军事换防和佯动，迷惑陈军，使陈“初见设备，后以为常，及大兵南伐，不复疑也”，结果措手不及；二是在长江北岸经常组织军队演习，故意人喧马嗥，以致日后隋军真的展开渡江作战行动时，陈军却习以为常，造成“及兵临江，陈人以为猎也”的效果；三是用隋军老弱不堪征战的马匹去换陈国的民间船只，然后藏匿起来，再从陈国买一些破敝无用的船，布置在港口，造成隋军无船可渡的假象；其他如将战船涂以黄色，远处看来如同枯荻，以隐蔽隋军水军实力；等等。通过这些欺敌误敌、示假隐真的措施，掩盖隋军备战进攻的企图，诱使陈军轻敌麻痹。这样，隋军就能以迅雷不及掩耳之势，达成突然袭击之效。可以说，贺若弼的策略非常具体，切实可行。而在日后的灭陈之役中，贺若弼设计的“欺敌误敌、示假隐真”之策，也的确收到了预期的效果。

公元589年初，隋军开始远征，一切行动均按照高颎和贺若弼的计划进行。从长江上游的四川到东海，隋朝装备精良的军队发起全线进攻。杨素指挥的舰队首先击溃陈朝水师，并顺江长驱而下，在汉口与中路秦王杨俊指挥的大军会合。晋王杨广和高颎则在建康以东渡过长江天堑，以迅雷不及掩耳之势直取建康。贺若弼军由广陵顺利渡江，势如破竹，一举攻克京口，陈军望风而降，贺若弼乘胜率军溯江而上，进逼建康，并击败了陈军主力。经此一役，陈朝主力和精锐一败涂地，失去了继续抵抗的资本，陈朝皇帝陈叔宝被生擒，杨坚灭陈统一全国的战略顺利实现。

萨尔浒之战

公元1619年发生的萨尔浒之战，是明朝与后金政权在辽东地区进行的一次具有决定意义的会战。在这次战争中，后金汗努尔哈赤表现出了杰出的军事才能，他巧用“偷梁换柱”之计，集中兵力、各个击破，取得了对优势之敌的辉煌胜利，从而根本地改变了战略态势。

万历四十六年（1618）四月，努尔哈赤在经过周密筹划后，宣布对明朝的“七大恨”，将既定的战略付诸军事行动。

为一举消灭后金政权，解除东北边疆危机，明廷任命兵部侍郎杨镐率军云集辽东，制定了兵分四路、分进合击的作战方案：以杜松（山海关总兵）等主力为西路，以马林（开原总兵）等为北路，配合其他军力共四路大军北上。杨镐为总指挥坐镇沈阳，居中调度指挥四路大军。

一切部署就绪，杨镐下令明军四路大军于万历四十七年（1619）三月初二日会攻赫图阿拉。但是明军的攻击行动在实施之前已经泄露，后金方面完全掌握了明军的作战企图，并从容制定了应对之策。努尔哈赤正确分析敌情后决定首先对孤立冒进的明西路军以迅雷不及掩耳的打击。

万历四十七年三月初一，明西路军杜松部到达萨尔浒（今辽宁抚顺东）附近，杜松探知后金军已在吉林崖筑城防御，遂决定留下2万主力驻守萨尔浒大本营，当夜率1万人渡苏子河进攻吉林崖。努尔哈赤根据杜松分兵为二的情况，果断以400名士兵坚守吉林崖，以两旗的优势兵力将其分割，使之不能互援，然后亲自率军向杜松大本营突然袭击，杜松军仓促应战，西路军几乎全军覆没。次日，努尔哈赤又率八旗全部兵马移师北进，全歼马林带领的明北路军。

继而，努尔哈赤又移兵南下迎击明东路军刘綎部，这是明军的精锐之师，训练有素，装备精良，努尔哈赤采取了诱敌深入、设伏聚歼的战术。他亲率 4000 名精兵守城，将主力部署在阿里布达冈设伏，另以少数后金军冒充明军，持总指挥杜松令箭，诈称杜松的西路军已逼近赫图阿拉，要刘綎部速进合围。刘綎中计进入后金军伏击圈，全军被歼。随后，坐镇沈阳的明军主帅杨镐所率军队也在仓促回师中死伤惨重。至此，努尔哈赤在 5 天之内，干净利索地结束了战斗。

萨尔浒之战，是明朝与后金争夺辽东的关键性一战，经此一战，后金政权夺取了辽东战场的主动权，为日后的进一步发展创造了有利的条件。而明军自遭此惨败，在战略上完全陷入被动，被迫采取守势。

第二十六计　指桑骂槐

导读

“指桑骂槐”出自明代兰陵笑笑生的《金瓶梅词话》:“他每日那边指桑树骂槐树,百般称快。”比喻表面上骂这个人,实际上骂的是那个人。

“指桑骂槐”本来是一种指甲骂乙的旁敲侧击之术,也是一种敲山震虎的艺术,即通过对个别人的惩罚,暗示和提醒其余的部下,以树立威望。其重点在于通过引而不发的暗示,间接地达到预期效果。《三十六计》将其演化为一个军事谋略,其内涵是相当丰富的。

其一,强调要善于治军。军队作为国家武装力量的主体,作为执行政治任务的特殊集团,只有纪律严明,意志统一,令行禁止,才能做到守之可固,退而有序,进而取得战争的胜利。相反,如果有令不行,有禁不止,则与乌合之众无异,更谈不上强劲的战斗力。因此,治军严明,理顺将帅与部下的关系,是打胜仗的基本条件,也是自古及今军队建设所要解决的首要问题。在这个方面,中国古代兵家提出的办法不外有二:一是赏赐,二是惩罚。前者重在激励,后者重在杜绝。其实,无论赏罚,要想达到理想的效果,都大有讲究,体现着将帅治军的艺术。

从本意上讲,《三十六计》中的“指桑骂槐”,主要讲的是如何“罚”。即,军队主帅管理部下,严格军纪军法,必须抓住关键,通过杀鸡儆猴、敲山震虎、杀一儆百等手段,让部下明白违反军纪的严重后果,从而树立权威,取信于人,赢得服从和尊敬,所谓"杀一人而三军震"。历史上孙武演兵斩吴姬、诸葛亮挥泪斩马谡,就是这方面的著名例子。

当然,通过"罚"来实现"指桑骂槐"只是一方面,实际上,运用"赏"达到"指桑骂槐"的效果,也是高明统帅整饬军纪的有效手段。毕竟,"赏一人而万人喜"。在治军上,"赏"和"罚"其实是相辅相成的,只有"罚",难免刻薄寡恩,容易激化官兵矛盾;而只凭"赏",则容易流于"宽",是非不分,反而会挫伤大部分人的积极性,使军队精神涣散。所以,只有赏罚分明,才能相得益彰。

其二,作为一个军事谋略,"指桑骂槐"不仅适用于驾驭和统率自己的军队,而且也可以用来维持和巩固某种联盟。尤其是当面临多个敌人时,一起对付往往力不从心,这时,寻机打击其中一部,以震撼其余,无疑会起到敲山震虎、瓦解敌人同盟的效果,从而改变战略态势,实现自己的战略目的。

原文

大凌[1]小者,警[2]以诱之。刚中而应,行险而顺。[3]

译文

强大者要欺凌控制弱小者,可以用警告的办法来胁迫对方服从。适当的强硬可以得到拥护,险诈的手段可以使人顺从。

注释

1 凌:欺压,欺凌。

2 警:警诫,警告。

3 刚中而应,行险而顺:语出《易经·师卦》。此卦象寓意为:适当的强硬可以得到拥护,险诈的手段可以使人顺从。

按语

率数未服者[1]以对敌，若策之不行，而利诱之又反启[2]其疑，于是故为自误，责[3]他人之失，以暗警之。警之者，反诱之也。此盖以刚险[4]驱之也。或曰：此遣将法也。

译文

率领一向不大服从命令的部属去同敌人作战，假如用行政命令指挥不奏效，用好处相引诱又反而会引起他们怀疑，在这种情况下，就可以故意造成某种失误，再借题发挥谴责他人失职，以此暗示并警告那些不听指挥的人。这种警告方式，是从反面诱导他们服从。这就是通过强硬与险诈相结合的方式来驱使部下。有人说：这也是一种调遣和控驭将领的方法。

注释

1 未服者：不服从（我）者。

2 启：引起，引发。

3 责：谴责。

4 刚险：强硬与险诈。

战例

周亚夫细柳营治军

“细柳治军”作为我国古代历史上的治军佳话，千百年来一直脍炙人口，广为流传。它的主角，就是汉初名将周亚夫。

公元前158年冬天，北方强大的匈奴乘西汉王朝百废待兴之机，大举内犯，兵锋直抵甘泉（今陕西淳化西北）。汉文帝任命周亚夫等三人为将军，承担卫戍京师的重任。

一天，汉文帝亲自前往长安周围三个军营慰劳将士。当他车驾抵达周亚夫的细柳营时，只见军门紧关，军官士卒人人身披坚甲，手持锋利的刀剑，机弩也上了满弦，戒备森严。文帝的先遣官抵达营门，竟被守营的军士所阻拦，不准入营。汉文帝只得让使臣拿天子专用的符节来传话给周亚夫。

周亚夫这才打开营门，请皇帝车驾入内。守门军士又十分严肃地告诫文帝的随从人员：军营内不得策马驱驰。于是文帝的车驾只得缓缓行驶，不敢喧哗。到了中军帐前，只见周亚夫戎装佩剑，精神抖擞地拱手请示说：“身穿盔甲不宜行跪拜之礼，请允许我以军礼参见皇上。”汉文帝大为感动，也按照军礼的有关规定，俯身手扶车舆前的横木，以表敬意，礼毕之后随即起驾回宫。

周亚夫的严格执法、军门挡驾、整肃军容之举，使汉文帝对周亚夫治军有方大加称道，说只有周亚夫才是“真将军”，是位难得的将才，于是任命周亚夫具体负责京师长安的防卫事宜。不久，文帝重病不起，临终之前特意嘱咐太子说，国家一旦有危难，可让周亚夫统率军队。

历史证明，周亚夫丝毫没有辜负汉文帝的厚望。汉景帝前元三年（前 154）正月，吴楚七国叛乱。危难之际，汉景帝遵照汉文帝的嘱咐，委任周亚夫为太尉，率军出关平叛。周亚夫认真分析形势，提出了后发制人的作战指导方针。他先是出敌不意出兵武关（今陕西丹凤东南），迂回进据荥阳（今河南荥阳东北），控制住关东最重要的战略据点。尔后亲率重兵进据昌邑（今山东巨野南），切断叛军主力与齐地叛军之间的联系，并派出精锐轻骑断敌之粮道。当叛军寻求决战时，他沉着持重，拒不应战；最后待叛军势穷力竭被迫撤退之际，才乘势出击，一举破敌，平定了“七国之乱”，使西汉王朝转危为安。

美国“敲山震虎”入侵格林纳达

20世纪70—80年代，美苏争霸进入高潮。美国为了加强自己在海外的军事存在，在美苏争霸中占据有利的战略态势，一方面支持以色列在中东侵略扩张，建立自己在中东的政治、军事主导权，另一方面又赤膊上阵，武装入侵格林纳达，以维护自己在拉美地区的霸权地位。

当时，苏联为了让美国有后顾之忧，在加勒比地区建立了尼加拉瓜—古巴—格林纳达的反美“铁三角”。其中，格林纳达位于加勒比海通往大西洋的南方门户，扼守南非和南美通往巴拿马运河和美国的海运航线。1979年，格林纳达“新宝石运动”领导人毕晓普推翻亲美政府，建立了亲苏、亲古巴的政权。

为拔掉格林纳达这颗钉子，保护自己的“国家利益”，并趁机回敬一下苏联，美国在1983年决定出兵格林纳达。

当时，格林纳达全部兵力不到3000人。而美国则出动了地面部队8000人、海空军1万人、飞机230架、航空母舰2艘、其他舰船13艘。双方兵力对比悬殊。但美国为了达成武装侵略的突然性，仍然精心制订了代号为“暴怒行动”的入侵计划。行动之前，美国公开声明要对驻贝鲁特美军被炸事件进行报复，以吸引苏联视线，暗中则把用于应付中东局势的两支舰艇编队派往格林纳达附近海域。

1983年10月25日，美海军两栖攻击舰编队隐蔽驶抵格林纳达海域开始作战。至28日下午，南、北两路美军占领圣乔治城。11月2日，美军完全控制格林纳达局势，为时几天的入侵宣告结束。此后，苏联和古巴势力被排挤出去，格林纳达被重新纳入美国的势力范围。

第二十七计　假痴不癫

导读

“假痴不癫”就是装疯卖傻，装聋作哑，扮愚装笨。此计运用于军事，不外乎是运用各种伪装之术，欺骗麻痹敌人或己方士兵，以实现战略意图。

关于蒙蔽自己人，《孙子·九地》就提出要“能愚士卒之耳目，使之无知。……若驱群羊，驱而往，驱而来，莫知所之”，《唐太宗李卫公问对》也说“诡道可使由之，不可使知之”。意谓要能蒙蔽士卒的视听，使他们对军事行动、作战意图完全懵懂无知。无疑，这是封建时代的一种愚兵术。但从另一方面来说，军事谋略确实是“出于智，成于密，败于露”，不可轻易扩大知情范围。因此，在战争中，对内对外加强保密工作，尽量限制或缩小知密范围，杜绝泄密渠道，对于顺利实现军事目的，是非常重要的。

在对敌斗争中实施“假痴不癫”则意义更大。所谓“兵者诡道”，故“能而示之不能，用而示之不用，近而示之远，远而示之近”，通过制造各种假象，掩盖自己的真实企图，隐蔽军队部署和动向，往往是痹敌骄敌，达成战争突然性，予敌以出其不意打击，进而取得战争胜利的有效途径。

原文

宁伪[1]作不知不为[2]，不伪作假知妄为[3]。静不露机，云雷屯[4]也。

译文

宁可假装愚笨而不行动，也不假装聪明而轻举妄动。沉着冷静而不泄露机密，这就如同《易经·屯卦》中所说的那样：雷电在冬季里积聚而不发。

注释

1 伪：假装。

2 不为：不作为，不行动。

3 假知妄为：假装聪明而轻举妄动。

4 云雷屯：语出《易经·屯卦》。《屯卦》的《象》辞说："云雷，屯。君子以经纶。"意为：冬季雷雨在隐藏中积蓄力量，君子在困难的时候也应暗中策划。《周易姚氏学》也解释说："冬雷藏地中，至春乃激薄而出。"

按语

假作不知而实知，假作不为而实不可为，或将有所为。司马懿之假病昏以诛曹爽，受巾帼，假请命，以老[1]蜀兵，所以成功。姜维九伐中原，明知不可为而妄为之，则似痴[2]矣，所以破灭。兵书

译文

假装不知道而实际上明白，假装不做而实际上是不能做，或者是正准备做。三国时司马懿假装重病在身神志昏乱，从而诛杀了曹爽；他收下了诸葛亮送来的妇女头巾、发饰，又向朝廷上表假意请战（稳住了部队），使得蜀汉师老兵疲，从而取得了成功。姜维九次率兵攻伐中原，明知不可以这样做却偏要轻举妄动，就近似于愚蠢了，所以最终导致失败。兵书上说："善于用兵的人打了胜仗，既不显露出智慧的名声，也不表现为勇

曰："故善战者之胜也，无智名，无勇功。"当其机未发时，静屯似痴。若假癫，则不但露机，且乱动而群疑[3]。故假痴者胜，假癫者败。或曰："假痴可以对敌，并可以用兵。"宋代，南俗尚鬼，狄武襄（青）征侬智高时，大兵始出桂林之南，因佯祝曰："胜负无以为据。"乃取百钱自持，与神约："果大捷，则投此钱尽钱面也。"左右谏止："倘不如意，恐沮师。"武襄不听。万众方耸视，已而挥手一掷，百钱皆面。于是举手欢呼，声震林野。武襄也大喜，顾左右，取百钉来，即随钱疏密，布地而帖钉之，加以青纱笼护，手自封[4]焉，曰："俟凯旋，当酬神取钱。"其后平邕州还师，

武的战功。"当时机还没有成熟时，沉着稳重、不露声色，就像个呆子。如果假装疯癫，那么不但会泄露机关，而且胡乱行动还会引起大家怀疑。所以，装作呆笨而不动的人能够取胜，装作疯癫而乱动的人就会失败。有人说："假装呆笨可以用来对付敌人，也可以用来指挥自己的部队。"宋朝的时候，南方地区的民俗是迷信鬼神，狄青率兵征伐侬智高时，大军刚开进到桂林以南，他就假装祈祷说："胜负如何真是难以预料啊。"于是就取一百枚铜钱拿在手里，向神许愿道："如果真的能大获全胜，那么撒出去的这些铜钱，都是正面朝上。"左右的人都劝阻说："倘若不能如愿，恐怕会动摇军心。"狄青没有接受这些意见。众人正担心地看着时，他挥手将钱一撒，结果落在地上的一百枚铜钱都是正面朝上。这时众人都举手欢呼，声音震动森林旷野。狄青也非常高兴，回头让左右随从取来百颗钉子，随即按现场铜钱分布的位置，就地钉住每枚铜钱，再用蓝纱布覆盖起来，并亲手把它们封好，说："待打了胜仗凯旋，再来酬谢神灵，收起铜钱。"后来狄青平定邕州，部队返回，遵守诺言

如言取钱，幕府士大夫共视，乃两面钱[5]也。

去取钱，这时众幕僚一起观看，原来这些铜钱两面都是同一个图案。

注释

1 老：使之老，使之疲顿。

2 痴：傻，愚蠢。

3 群疑：遭到大家的怀疑。

4 封：掩埋，掩盖，封存。

5 两面钱：指两面都是相同图案的钱。

战例

石勒奇计取幽州

西晋末年，出身匈奴族的石勒在领导流民起义的过程中，势力不断壮大，尤其是在得到汉人谋士张宾的辅佐后，石勒很快建立了自己的战略根据地，将统一北方作为战略目标。石勒要成就霸业，遇到的第一个对手就是割据幽州的王浚。

永嘉六年（312），石勒进据襄国（今河北邢台东南），将河北许多州县纳入自己的统治。石勒的崛起立即引起了王浚的警惕。同年底，王浚命段疾陆眷等人率5万大军进攻襄国。石勒采取后发制人的战略，先坚守不出以示弱，同时指挥部队在北城墙暗凿通道20余个，乘敌不意突然反击，生擒段疾陆眷之弟段末波，又故意将其放还，怂恿段氏脱离王浚，削弱王浚的军事实力。

但王浚地盘大，兵强马壮，要一下子将其消灭并非易事。这时，谋士张宾向石勒提出：假意归附王浚，卑辞厚礼奉其为主进行麻痹。石勒依计而行，立即派能言善辩的王子春等人携带大批珍宝前往幽州，并呈上石勒的书信。信中对王浚大加吹捧，劝他“应天顺时”，早日登基，并表示自己要像拥戴天地父母一样拥护王浚。王浚当时正欲拉拢各地势力，又被石勒的假意吹捧所迷惑，立即对石勒加以褒奖。

石勒为进一步麻痹王浚，在王浚的使者到来之前，故意将自己的精兵隐藏起来，而示之以羸弱之师，并假意诚惶诚恐，像接待皇帝的使者一样接待王浚的使者，并表明对王浚忠心不二。至此，王浚对石勒完全放心，丝毫不加戒备。

西晋建兴二年（314）二月，石勒率轻骑日夜兼程，奔袭幽州，行至柏人（今河北隆尧西），石勒又写信给割据并州的刘琨，自称要替刘琨教训一下王浚。刘琨与王浚一向势不两立，听说石勒要讨伐王浚，自是喜不自禁。这样，石勒顺利地解除了后顾之忧。三月，石勒的大军行至易水（在今河北易县），王浚的部下预感到石勒此番来者不善，急忙派人向王浚报信，但王浚不以为然。石勒大军于清晨时分赶到了蓟县（今北京西南）城下，恐怕城中有埋伏，就先驱赶牛羊数千头入城，声称是送给王浚的礼物，实际上是让牛羊充斥街巷，阻塞敌军。石勒率军入城后直奔王浚住处，王浚外出迎接，被逮了个正着，石勒将其押往襄国斩首。

亚历山大“装傻”

1789年法国大革命爆发后，欧洲各国封建反动势力惊恐不安，立即组织反法联盟进行武装干涉。拿破仑·波拿巴于1799年11月发动政变上台执政，建立了资产阶级政府，很快瓦解第二次反法同盟，使法国转危为安。

拿破仑的上台使欧洲各国反动势力更加如坐针毡。其中，俄国出于维护其东方霸权的目的，与法国之间的矛盾日趋激化。

1801年，叶卡捷琳娜女皇的孙子、24岁的亚历山大发动宫廷政变，当上了俄国沙皇，史称亚历山大一世。他登基之后，更将革命后的法国视作俄国最主要的威胁，他参加反法同盟，派出大批俄军与法作战。可是，当时还处于落后封建农奴制下的俄罗斯军队毕竟不是法国资产阶级军队的对手，几次摩擦不利后，俄国的实力大为削弱。

狡诈成性而又十分坚强的亚历山大并不甘心。1807年6月，他作为战败国皇帝如约与拿破仑举行谈判。不到1小时的会谈，成了两位皇帝竞相恭维对方的大好机会。拿破仑极力向亚历山大揭露俄国盟友们的背信弃义，吹捧俄国军队英勇善战，并建议由法俄两个帝国瓜分世界。亚历山大则顺从地与拿破仑签订了《提尔西特和约》，并缔结了攻守同盟条约。条约规定法俄两国今后将在任何情况下，对一切国家都采取一致的行动，不单独与他国进行媾和谈判。

从表面上看，拿破仑通过条约的签订又一次粉碎了反法同盟，巩固了自己在欧洲的地位，同时，依据《提尔西特和约》，俄国及其属国还加入了拿破仑建立的大陆封锁体系，使英国陷入孤立的境地。

但亚历山大并不像拿破仑认为的那么“傻”，他实际上是在将计就计，巧妙地与拿破仑周旋。因为，早在谈判之前，亚历山大就仔细地研究了拿破仑的心理和来意；所以与拿破仑一见面，他便投其所好，就坡下驴，口是心非地故意满足了拿破仑的小算盘。在赢得拿破仑的信任之后，亚历山大利用《提尔西特和约》，名正言顺地先后夺取了芬兰和比萨拉比亚，并在战略上为俄国赢得了喘息之机。正是利用与法国讲和的机会，亚历山大抓紧时间改组军队，赶造枪炮，储存粮秣，增强了综合国力，为日后在军事上打败拿破仑做好了充分的准备。

第二十八计 上屋抽梯

导读

“上屋抽梯”传说出自三国故事。东汉末年,刘表偏爱长子刘琦,而不喜欢少子刘琮。刘琮的母亲蔡夫人一直希望刘琮将来能做荆州牧,所以特别害怕刘琦得势,因此非常嫉恨刘琦,多次欲以加害。刘琦感到自己处在十分危险的环境中,就问计于刘备,刘备让他问诸葛亮,但诸葛亮觉得刘琦之事毕竟是刘家内部的私事,自己是一个外人,俗语说疏不间亲,自己更不应该插手别人家事,所以多次借故推托,一直不愿意为刘琦出主意。于是,刘琦心生一计,有一天他对诸葛亮说:“琦有一古书,请先生一观。”就引诸葛亮登上一座小楼,诸葛亮问书在何处,只见刘琦哭着跪拜说:“继母不见容,琦命在旦夕,先生忍无一言相救乎?”诸葛亮发觉事情不妙,连忙起身准备下楼,却发现楼梯已被撤去。诸葛亮说什么也没有想到懦弱无能的刘琦会使出这么一招,又见刘琦甚至还“掣剑欲自刎”,实在没有办法,只好为刘琦出谋划策,让他效仿“重耳在外而安”的例子,“上言乞屯兵守江夏,则可以避祸矣”。刘琦在得到能够使自己活命的良策后,才命人安上梯子送诸葛亮下楼。

战争是一种特殊复杂的社会活动,人作为战争的主体,其精神面貌的好坏,直接影响到战斗力的发挥和战争的胜负。因此,重视战争中双方的心理状态,充分发挥军队的战斗力,是战争指导者在管理部队、指导战争时必须予以认真考虑和解决的问题。“上屋抽梯”一计就形象地揭示了这一道理。

在实际运用中，“上屋抽梯”可以理解为一种带兵艺术，即对部队进行心理暗示和激励的艺术。军事心理学认为，军人的集体心理是指整个部队的精神面貌和心理品质。部队的集体心理一旦形成，每个士兵就会有共同的理想，表现出团结互助、密切协同的关系，并自觉服从命令，形成强大的心理凝聚力。尤其当军队处于不利境地时，只要处理得当，全军上下就会在求生意识的驱使下，奋不顾身，全力以赴，以十倍的英勇和百倍的坚韧，与敌决一死战。此所谓“陷之死地而后生，投之亡地而后存”。战争史上，将帅们激励士气的方法很多，项羽破釜沉舟，韩信背水列阵，都是利用“陷之死地而后生”这一兵法原则，唤起全军上下与敌人决一死战的拼命精神。

当然，“陷之死地而后生”有许多条件。战争指挥者必须根据敌我情况，准确把握战场态势，搞清敌情，奇正相辅，而不可照搬照抄。归根到底，士卒的勇敢精神是由战争的性质和士卒的军政素质所决定的。认识到为正义而战，士卒必以死相拼，只有具备良好的军政素质，部队才有强大的战斗力，而这一切又是与平时的教育训练分不开的，如果平时不搞好教育训练，在战时单靠“陷之死地而后生”来激发其勇敢拼杀精神，无疑是靠不住的。

“上屋抽梯”作为一种对敌斗争艺术，既可以是诱逼计，又可以是“激将法”。首先要投敌所好，设置好“梯子”，布好圈套；其次是“以利诱之”，让敌人以为大好时机已到，诱敌上梯；最后是抽梯，断敌退路，使其陷于绝境，进一步逼敌就范。

原文

假[1]之以便，唆[2]之使前，断其

译文

给敌人提供某种方便，怂恿唆使它前进，然后切断它的前应后援，把它逼入绝境之中。这就援应,陷之死地。遇毒,位不当也。[3]

是《易经·噬嗑卦》中所说的,遇到祸患,是因为贪求不应得的利益。

注释

1 假:借,提供。

2 唆:教唆,怂恿,(不怀好意地)极力促成。

3 遇毒,位不当也:语出《易经·噬嗑卦》。本卦六三《象》辞:"遇毒,位不当也。"意为:遇到祸患,是因为贪求不应得的利益。

按语

唆者,利使之也。利使之而不先为之便[1],或犹且不行。故抽梯之局,须先置梯,或示之以梯。

译文

所谓"唆使",是指用利益去引诱驱使对方。用利益驱使对方而不事先为其提供方便,这一计策也许仍是不能奏效。所以要造成"抽梯"的局势,必须先设置好"梯子",或者把"梯子"指给他看。

注释

1 便:方便。

战例

井陉之战，背水破赵

汉高祖二年（前 205）四月下旬，刘邦在彭城之战中先胜后败，溃不成军，只带了数十名随从侥幸逃出重围，惊魂未定地向荥阳撤退。溃退到下邑时，刘邦面对前所未有的挫败，急切地向张良讨教转危为安的方略。张良遂提出了著名的《下邑对》，其核心思想是：由刘邦率部分兵力在荥阳与项羽正面坚持，同时迅速策反英布，拉拢彭越，让英布在南方牵制项羽，让彭越在敌后骚扰项羽，确保正面战场荥阳、成皋的防线稳定，尤其是要倚重韩信，开辟北方战场，集中力量逐次歼灭黄河以北的魏、代、赵、燕、齐等割据势力，向楚军侧后发展，威胁楚军侧背，孤立楚军，进而完成大迂回的战略包围，彻底陷楚军于被动境地。

韩信不负厚望，在平定魏、代两国后，转而率军东下攻伐赵国。赵国地处河北平原，韩信伐赵，必须通过井陉山。而井陉山一带层峦叠嶂，只有一条易守难攻的小道，车不能并行，骑不能成列，这就是太行八大隘口之一的井陉口。

当时，赵王歇和赵军主帅陈馀已得到韩信东进的消息，于是在井陉口积极部署防御，准备据险固守，与韩信决一死战。赵军谋士李左车根据敌情和地形，建议避敌锐气，利用韩信劳师远征、补给困难的状况，深沟高垒坚守井陉，同时另出奇兵夺取汉军辎重，从而使韩信求战不能，后退无路，如此不出 10 天，就能以逸待劳打败韩信。但刚愎自用的陈馀自恃兵多将广，力主主动出击，速战速决。

韩信探知李左车的建议未被采纳，决定利用赵军主帅陈馀轻敌和希望速战速决的心理，利用“陷之死地而后生，投之亡地而后存”的作战原则，与赵决战。他指挥部队前进到距井陉口30里的地方驻扎下来，夜间又传令部队继续前进。同时让2000名骑兵每人手持一面汉军的红色旗帜，从山坡上的小路迂回到赵军大营侧后的抱犊山隐藏起来，告诫他们，一旦赵军离开大营追击汉军，即乘虚而入抢占赵军大营，竖起汉军的旗帜，切断赵军归路。接着，韩信又派士兵到绵蔓水东岸，背靠河水摆出阵势，以迷惑和引诱赵军。赵军望见汉军背水列阵，都耻笑韩信不懂兵法常识，对汉军更加轻视。

次日清晨，韩信亲率5万主力，浩浩荡荡地向井陉口进发，前去诱敌。赵军见状，离营出战。双方稍经厮杀，韩信即引兵败退，并有意抛弃鼓角旗帜，与事先背水列阵的汉军会合。赵军立即追击，汉军士兵见无路可退，只好拼死抵抗，愈战愈勇。陈馀见久战不胜，只得下令回营固守井陉口。但这时，夜中已潜伏于赵军大营侧后的汉军骑兵已趁机抢占赵军大营，拔下赵军旗帜，遍布汉军的红旗。陈馀撤退之际猛然发现自己的大营里汉军红旗招展，不禁大惊失色，军中士卒更是惊恐逃散。这时，占据赵军大营的汉军趁势杀出，与韩信率领的主力前后夹击，全歼赵军，杀了陈馀，俘虏了赵王歇。

隆美尔兵败拉吉尔

1942年8月，在“二战”的非洲战场上，德军陆军元帅、享有“沙漠之狐”美誉的隆美尔，正计划发动对英军的攻势，以实现进军尼罗河三角洲的战略企图。

然而，狡猾的“沙漠之狐”这一次遇到了更高明的猎人，这次他的对手是英国的蒙哥马利元帅。蒙哥马利分析了敌情和隆美尔惯用的作战方式后，判断隆美尔的进攻方向极可能会选在阿拉曼防线的南端。但该地域有一个叫拉吉尔的地方，沙层很厚，且为流动性很大的细沙，不利于装甲兵团的行动，隆美尔却根本不了解。于是蒙哥马利决定引诱隆美尔进入拉吉尔地区，将其歼灭。

为引诱隆美尔上钩，英军一方面隐真示假，让隆美尔认为英军的防御重点不在拉吉尔，得出由此攻击易于得手的结论；另一方面，英国军方绘制了一份拉吉尔地图，在地图上将拉吉尔这一流沙地带标注为利于装甲部队开进的硬地，之后故意让地图流落到隆美尔手中。隆美尔得到此图，更加坚信自己的战役设想。他决定把进攻的方向选择在阿拉曼防线南端，由拉吉尔侧击英军防御的薄弱地带。

8月中旬，隆美尔利用夜色掩护，下令部队秘密南移，规定部队行进中实行无线电静默，并以坦克模型、卡车留在原地，以迷惑英军，使英国的光学侦察和电子侦察难以发现他的行踪。

9月1日凌晨，隆美尔开始向阿拉姆·哈勒地区攻击前进。蒙哥马利命英军严阵以待，并令工兵在德军主力部队猛攻的地方设置新雷区。当德军开始扫雷时，英军飞机投下照明弹，把一长串装甲部队照得通亮，轰炸机则把大量高爆炸弹投向德军装甲车队。

隆美尔计划落空，此时他的装甲兵团却已进入了流沙地区，数十万士兵和大量坦克、装甲车陷入绝地，前进不得，后退不能。 英军战斗机趁机盘旋轰炸，沙漠里到处是燃烧的德军车辆。

9 月 4 日，无计可施的隆美尔不得不下令总撤退。经此一役，德军伤亡惨重，号称“沙漠之狐”的隆美尔和他统率的非洲军团从此一蹶不振。

第二十九计 树上开花

导读

一般认为"树上开花"出自清代俞万春《荡寇志》第九十四回:"应元道:'前日卑职原说这点银子不够,此刻若回曹州,往返多日。不如想个树上开花的法子,安抚衙内当案王孔目,卑职与他厮熟,太尊只须立纸文书与他,待结案时交付,岂不省一番急迫。'"

树上开花,顾名思义,是指树上本来没有花,但可以用彩色的绸子剪成花朵粘在树上,做得和真花一样,不仔细去看,真假难辨。此计用在军事上,指的是:自己的力量比较小,却可以借友军势力或某种因素制造假象,使自己的阵营显得强大,也就是说,在战争中要善于借助各种因素来为自己壮大声势。

对于原本无花或不能开花的树木,通过人为的努力,将花加挂其上,使其看起来花朵满枝,或在别人的树上开自己的花,以假充真。这些都属于"树上开花"、以无为有的高超本领。

在军事上,"树上开花"一计和"偷梁换柱"一样,都是和敌人作战时控制友军并歼灭敌人的战略。不同的是,"偷梁换柱"是以自己的精锐和主力安插在友军要害部位以操纵或兼并友军,达到壮大自己的目的。"树上开花"则重在借力造势,即以友军为"树"或"枝",以我军为"花",在战争中是以友军之主力破敌,从而消耗友军实力,保存我军实力,并最终夺取胜利硕果。由此可见,所谓“树上开花”,核心就在于以虚张声势的办法以小示大,以无示有,壮大自己的声威,从而达到威慑敌人,不战而屈人之兵的目的,或为自己采取进一步行动争取时间。

至于实现“树上开花”的具体办法,一是要善于“借力”,即借助和利用他人(友军)的实力,达到既破敌军又消耗友军的目的;二是要善于自我布势,因为战争中敌我友三方并非仅仅是一种“零和”关系,敌我尚可“双赢”,更不必说与自己的同盟军了。所以借局布势不一定非要牺牲友军,比如通过调整己方部署,设置假象,巧布迷阵,导致敌人兵力部署和作战计划的失误,更是取得战争胜利的有效途径,称得上是“树上开花”。

此外,洞察战场形势变化,乘胜追击,扩大战果,无疑也应该是“树上开花”的题中之义。因为大胜之后兵势正强,士气高昂,乘势而进,往往能在敌人士气低落之际以小的代价获取大的胜利。当然,在总体上敌强我弱和面临数支强大敌军的情况下,如何确定乘胜扩大战果的目标,则需要战争指导者有超人的战略眼光。

原文

借局布势,力小势大。鸿渐于陆,其羽可用为仪也。[1]

译文

借助可为我所用的局面,布成自己的阵势,这样兵力虽然弱小,但阵容声势却能显得很强大。《易经·渐卦》说:鸿雁离地高飞,它的羽翼可以增强翱翔的威势。

注释

1 鸿渐于陆,其羽可用为仪也:语出《易经·渐卦》。本卦上九说“鸿渐于陆,其羽可为仪,吉利”,是说鸿雁离地高飞,它的羽翼可以增强翱翔的威势,这是吉利之兆。

按语

此树本无花，而树则可以有花。剪彩粘之，不细察者不易觉。使花与树交相辉映，而成玲珑全局也。此盖布精兵于友军之阵，完[1]其势以威[2]敌也。

译文

这棵树本来是不开花的，但也可以让它开出花来。用彩纸彩绸剪成假花粘贴在树枝上，不细加观察，便不容易发觉。把假花和真树合在一起，交相辉映，就可以形成一个精巧的整体。这里是说把自己的精兵部署在友军阵中，形成一个完整强大的态势，从而威慑敌人。

注释

1 完：使完整。

2 威：威胁，威慑，震慑。

战例

韩信一书平燕地

楚汉战争初期，刘邦先胜后败。面对项羽凌厉的进攻，刘邦曾数度抵挡不住。

为了遏制楚军的强大攻势，刘邦决定采取正面坚守、两翼进攻的战略，对项羽进行牵制和战略包围。其中，韩信在北方战场展开的一系列军事行动，对刘邦转变战略态势并最终取得胜利起到了重要的作用。

当时，韩信遵照刘邦的命令，经过4个月的浴血奋战，接连灭魏、破赵。但此时必须灭掉北方的燕国，尽快控制北方战场，解除刘邦在正面战场的被动，形势已容不得韩信进行旷日持久的攻坚战。

早在井陉之战中，韩信已探知赵军谋士李左车是个智能之士。所以在攻破赵军时，韩信下令军中不许伤害李左车。抓获李左车后，韩信亲自为其解掉绑在身上的绳索，待以长者之礼。李左车感激韩信不杀之恩，决定为韩信献策。他认为，汉军经过攻魏、破赵等战役后已经疲惫不堪，这时攻燕并非明智之举，倒不如解甲休兵，乘破赵之声威，对燕国进行恫吓和劝降，同时安抚赵国百姓以收买人心，如此不用攻城野战就可使燕国屈服。

韩信立即给燕王臧荼写信，信中竭力渲染汉军的强大，请燕国认真考虑降与战的利害关系。信写好后，韩信派了一名能言善辩的使者带着信前往燕国。同时，又按李左车的建议将军队部署在燕国边境线上，摆出要进攻的架势。

燕国上下早已听闻韩信威名，也知道汉军破魏灭赵的赫赫战功，认为汉军难以抵挡。见汉军大军压境，十分恐慌，又见韩信的使者带着信来劝降，无暇多想就同意归降。这样，韩信不用一兵一卒就平定了燕国，为下一步集中兵力攻击齐国争取了时间。

解放军乘势扩大战果

1948年10月，辽沈战役胜利后，毛泽东同志随即提出了淮海战役的作战方针。当时，集结在淮海地区的国民党军有：徐州“剿总”司令刘峙、副司令杜聿明指挥的4个兵团，敌3个绥靖区的部队，从华中增援的黄维兵团。根据敌情，毛泽东决定首先集中兵力围歼兵力比较分散的黄百韬兵团，完成中间突破，斩断敌人右臂，各个围歼。中央军委成立了由邓小平、刘伯承等5人组成的淮海战役总前委，统一领导和指挥这次战役。

11月上旬，参加淮海战役的我华东野战军在中原野战军的配合下，一举歼灭了号称华东劲旅的黄百韬兵团，完成了对战略枢纽徐州的包围，顺利实现了预定的淮海战役第一阶段的作战任务。

第二阶段，邓小平等总前委首长制订了以中原野战军围歼黄维兵团，以华东野战军阻击来自徐州、蚌埠方向援敌的作战计划。

1948年11月23日，前来增援的黄维兵团刚到宿县西南便陷入了解放军的包围，蒋介石见徐州大势已去，为保存实力，下令困于徐州的杜聿明在解救黄维后一并撤往淮河以南。12月4日，杜聿明兵团撤离徐州向西逃窜，被华东野战军合围。此时，由蚌埠北上的李延年、刘汝明兵团距黄维兵团只有70公里。为保持主动，总前委当机立断，采取“吃一个（黄维兵团）、挟一个（杜聿明兵团）、看一个（李延年、刘汝明兵团）”的方针，经过10天激战，全歼黄维兵团12万余人。将杜聿明部30万国民党军围困于永城东北纵横不到20里的地区之内，并全歼了妄图突围的孙元良部。

此时，解放军本可以迅速歼灭被围的杜聿明部，但当时平津战役也已打响，慑于解放军的威力，蒋介石考虑令傅作义南撤加强江防。

毛泽东权衡全局后，下令淮海战场上对被围的杜聿明部“围而不歼”，华北战场部队对傅作义等部则实行“隔而不围”，均推迟进攻，以麻痹敌人，使蒋介石暂不海运平津之国民党军南下，继续派李延年北上救援。这样，解放军就有充分的准备时间，使淮海、平津两大战场在战略上互为呼应配合，在长江以北大量歼灭敌人有生力量，为日后的渡江作战创造有利条件。

至 1949 年 1 月初，我东北、华北两大野战军完成了分割包围傅作义部队的任务，蒋介石再想南撤华北国民党军已不可能，毛泽东遂下令向淮海战场上被围敌军发起总攻，我军取得了淮海战役的决定性胜利。

第三十计 反客为主

导读

“反客为主”语意出自《唐太宗李卫公问对》:“臣较量主客之势,则有变客为主,变主为客之术。”意即通过对双方形势的研究,想出变客为主和变主为客的方法。也有说出自明代罗贯中《三国演义》第七十一回:“(夏侯)渊为人轻躁,恃勇少谋。可激劝士卒,拔寨前进,步步为营,诱渊来战而擒之:此乃反客为主之法。”

本计的基本含义是打入对方内部,逐步控制对方,变客为主。

在日常生活中,待客之道有所谓“客随主便”之说,也就是说,主客关系和界限是很清楚的。客人即来宾,主人即接待客人的一方。但有时主人不善于待客,反而会受到客人的招待,这就称为“反客为主”。

古代兵家在讨论战场形势时,借用了“主客”这一对概念,并将其作为古典兵学的重要范畴。在这一概念系统中,进攻他人的一方被称为“客”,防御他人进攻、处于主动有利地位的一方称为“主”。一般地说,为“主”者常常是本土防御,以逸待劳;为“客”者虽首先发起进攻,但毕竟劳师袭远,多有被动和不利。但高明的战争指导者总是善于创造条件,在进攻或防御中反客为主,夺取主动,最后赢得胜利。因此,“反客为主”的核心就是要力争主动,并善于变被动为主动。

在战争实践中实现“反客为主”的途径很多。比如在进攻不利或初战受挫时，要善于变攻为守，转入防御，诱敌攻我，控制战争节奏；尽量把不利条件推给敌人，把有利因素留给自己，增强自己的抗击力，刺激敌人急于出战的情绪，使其丧失理智，形成错误判断，引诱敌人主动出击，乘机消灭敌人有生力量，以实现进攻作战的目的。

至于因力量弱小，在战略上一时难以反客为主时，则要坚持内线作战，诱敌深入，使敌变为客，我为主。中国革命史上红军第一、二、三次反"围剿"作战即为这方面的经典战例。还有另一种情况，即敌人占领区过大，以少兵临大国，弱小一方则可乘机向敌占区发展，深入敌后，发动群众，壮大力量，积小胜为大胜，从而转换敌我力量的总体对比，顺利转入战略反攻。如抗日战争时期，我八路军、新四军深入敌后，在短短的三年时间里，八路军从 3 万发展到 40 万，新四军也有很大的发展，终于转换主客，打败了日本侵略者。

原文

乘隙插足，扼其主机。[1]渐之进也[2]。

译文

看准机会插足进去，掌握它的要害关节之处。这就是《易经·渐卦》说的凡事要循序渐进的道理。

注释

1 乘隙插足，扼其主机：看准时机插足进去，掌握它的要害关节之处。扼，扼制、掌握、控制。

2 渐之进也：语出《易经·渐卦》。本卦《彖》辞："渐之进也，女归吉也。进得位，往有功也。"意为：循序渐进，就像女子出嫁，要按必要的程序逐一进行，这样在夫家才能得到应有的地位，达到预想的目的。

按语

为人驱使者为奴[1]，为人尊处者为客；不能立足者为暂客，能立足者为久客；客久而不能主事者为贱客，能主事则可渐握机要[2]，而为主矣。故反客为主之局，第一步须争客位，第二步须乘隙，第三步须插足，第四步须握机，第五步乃成主。为主，则并[3]人之军矣。此渐进之阴谋也。

译文

被主人驱使的是奴隶，受主人礼遇的是客人；不能在主人家站住脚的是暂时的客人，能在主人家站住脚的是长久的客人；做客时间长却不能参与主持家事的是下等客人，能够参与主持家事，就可以逐步掌握其机关要害，而成为主人了。所以，要造成反客为主的局面，第一步是必须争得客人的地位，第二步是必须观察形势利用机会，第三步是必须插足参与进去，第四步是必须掌握要害，第五步就是变成主人。当了主人，当然也就兼并原主人的军队了。这是一种循序渐进的阴谋。

注释

1 奴：奴隶，下等人。

2 机要：要害，关键。

3 并：兼并。

战例

吴越笠泽之战

春秋晚期，吴、越两国为争夺霸权展开了长期的角逐。越国虽几经挫折，但经过越王勾践韬光养晦，励精图治，“十年生聚，十年教训”，实力大增。在袭击吴都一役之后，改变了一直以来的被动局面，在战略上占据了一定的主动地位。

与越国的蒸蒸日上相比，吴国则因穷兵黩武，内外交困，一步步陷入战略上的被动。在连年战争、兵疲民竭、国内空虚的情况下，吴王夫差将“息民散兵”定为国策，解散大批军队，让民众休养生息，以期恢复元气后待机再举。越国大夫文种、范蠡认为吴国内外交困，防务松弛，正是越国予其最后一击的绝好机会。他们建议勾践加紧同吴国进行决战。

周敬王四十二年（前 478），吴国大旱，颗粒无收，仓廪空虚。越国反击的机会终于来了。三月，勾践亲率斗志昂扬的越军主力北上，兵锋直指吴国腹心，很快进抵笠泽（水名，在今江苏苏州南，从太湖北流至海，南与吴淞江平行）。吴王夫差得知越军逼近，也统率姑苏城内所有的军队出城迎战。吴军在江北，越军在江南，两军夹笠泽水对峙。决定吴、越两国命运的关键一战——笠泽之战爆发了。

越军是越境作战，在战争中处于“客”的地位，对越军来说，需要变客为主，争取主动。为此，越军决定采取“示形诱敌，中路突破”的战法打击吴军，在主力的两翼派出部分兵力，组成“左、右勾卒”。黄昏时分，勾践命令“左、右勾卒”分别沿笠泽水上、下行 5 里处隐蔽待命。夜半时分，勾践令他们同时鸣鼓呐喊，对吴军进行佯攻。夫差误以为越军分两路夹攻自己，一时慌了手脚，马上将吴军“二一添作五”，分别去抵抗越军上下相距10里的两路进攻，结果中了勾践的诱敌分兵之计。至此，越军成功变客为主，战争态势发生了根本性的改变。

勾践见夫差中计，下令中军主力从中路正面潜行渡江，向吴军两路中间薄弱部位展开进攻，直插吴中军大本营。吴军大乱，吴左、右两军见中军情势危急，急欲向中军靠拢，却被越军“左、右勾卒”分隔，无法会合，很快被越军各个击破。越军趁势对溃退中的吴军实施狂追猛打，吴军“三战三北”，尸横遍野，一败涂地，越军大胜。

笠泽之战被唐代大军事家李靖称为军事上“变客为主”的典型战例。经此一战，吴国几乎全军覆灭，从此一蹶不振，再也无力抗衡越国的进攻。越国则从此确立了对吴国的绝对战略优势，为称霸奠定了坚实的基础。

刘邓大军千里跃进大别山

解放战争时期，刘邓大军在取得鲁西南战役的胜利之后，及时向中央建议，位于鄂、豫、皖三省交界处的大别山地区，正当南京与武汉之间，是敌人整个战略部署上最薄弱敏感的一环，我军如能占据大别山，就可以东慑南京，西逼武汉，南扼长江，瞰制中原，占据战略枢纽。同时，进攻这一地区，必然迫使蒋介石调动进攻我陕北、山东两大解放区的主力部队回援，粉碎其对这两大解放区的重点进攻。

当时，蒋介石企图将刘邓大军围困于陇海路和黄河之间，或逼回黄河以北。而刘邓大军经连续作战，未得休整，要在短期内南下挺进大别山，也有很多现实困难，但形势严峻，刘邓首长胸怀全局，决定提前结束休整，立即南下。

为了给蒋介石造成错觉，隐蔽地实施千里大跃进，刘邓首长作了以下部署：指挥11纵队和军区部队在黄河渡口佯动，以造成我军北渡的声势，诱敌继续向郓城、巨野合围；以少数兵力牵制蒋军，主力则寻机打击敌人，扰乱敌人的注意力；指挥中原独立旅佯装我主力部队，故意做出挺进桐柏山的姿态，以迷惑武汉、信阳之敌。

8月7日，刘邓大军乘敌向我合击的包围圈将拢未拢，陇海路两侧空虚之机，迅速合击敌人，后又突然甩开敌人，兵分三路向南疾驰，开始了千里挺进大别山的壮举。由于我军行动快速隐蔽，加之连日暴雨，河水猛涨，敌人误认为我军是“北渡不成而南窜”，当蒋介石急令尾随追击时，我军已先敌两天跨过陇海路，进入黄泛区，把敌人远远地抛在了后边。直到刘邓大军胜利渡过沙河，矛头直指大别山时，蒋介石方如梦初醒，但为时已晚。

刘邓大军排除万难，终于在8月末胜利到达大别山，并顺利实施了战略展开，到11月下旬，共歼敌3万余人，发动群众建立民主政权，开创了大别山革命根据地。

千里跃进大别山是现代战争史上“反客为主”的战略壮举，之所以成功，一是能够佯动惑敌，诱敌判断失误；二是机动方向和路线多，敌人难以弄清我军的真正去向和目的；三是机动展开隐蔽快速，敌人来不及摸清我军意图。成功跃进大别山后，我军由战略防御转入战略进攻，全国战争形势也从此发生了根本性的变化。

第六套　败战计

第三十一计　美人计

导读

一般认为计意出自《六韬·文伐》:“养其乱臣以迷之,进美女淫声以惑之。”意为使敌人故意豢养乱臣贼子,故意送给他美女、音乐等迷惑他,让他玩物丧志。在军事计谋上指对于用军事行动难以征服的敌方,要使用“糖衣炮弹”,先从思想意志上打败敌方将帅,使其丧失斗志,然后再行攻取。

另,《辞源》中有“美人局”,与本计语意相同,“美人局”的来源有二:一说出自南宋周密的《武林旧事·卷六·游手》:“游手奸黠,实繁有徒,有所谓美人局,以娼优为姬妾,诱引少年为事。”一说出自《三国演义》第五十五回:“孔明笑指岸上人言曰:‘吾已算定多时矣。汝等回去传示周郎,教休再使美人局手段。’”

圣人孟子曾说“食色,性也”。爱美之心人皆有之,本无可厚非,像诸葛亮一意娶黄脸婆,即便不是小说家言,在现实生活中也不免过于矫情。但俗语说得好,“英雄难过美人关”“硬汉最怕柔情”。基于人性的这一弱点,“美人”自然也成为了政治、军事斗争中的一种工具,“美人计”——利用美色诱惑和腐蚀敌人,也就应运而生了。

古今中外的战争史上,施展“美人计”——以声色犬马、奢侈靡烂的生活来腐蚀对手的意志,使其陷于“安乐窝”中不能自拔的事例可谓多如牛毛。中国古代如清太宗以美色诱降明朝大将洪承畴;外国如“二战”中轴心国与同盟国都曾使用大批女间谍,苏联克格勃机构为获得有价值的情报,曾专门训练男女色情间谍(“乌鸦”和“燕子”),引诱政府要员、高级军官、外交使者、科学家等掌管国家秘密的机要人员。

当然,对“美人计”中“美人”的理解切不可拘泥于字面,“美人”之外,金钱、香车、玩好等等,凡是人所喜好者,均可以使意志薄弱者颓废堕落,成为拉人下水的圈套。

需要指出的是,“美人计”毕竟只能征服那些意志薄弱者,而不能对任何人都奏效。尽管如此,我们对敌人变化多端的“美人计”如金钱贿赂、美人诱惑,仍不可丧失警惕。

原文

兵强者,攻其将[1];将智者,伐其情[2]。将弱兵颓,其势自萎[3]。利用御寇,顺相保也。[4]

译文

对兵力强大的敌人,要设法对付它的将帅;对富有智谋的将帅,要设法打击他的精神。将帅意志消沉,兵卒士气颓废,敌人的气势自然就会委靡不振。利用敌人的弱点抵御敌人,我方就可以顺利保全自己。

注释

1 将:将帅,统帅。

2 情:情绪,精神。

3 萎:委靡不振。

4 利用御寇,顺相保也:语出《易经・渐卦》。意为利用敌人弱点抵御敌人,顺利地保全自己。

按语

兵强将智，不可以敌，势必事[1]之。事之以土地，以增其势，如六国之事秦，策之最下者也；事之以布帛，以增其富，如宋之事辽、金，策之下者也；惟事之以美人，以佚[2]其志，以弱其体，以增其下之怨，如勾践之事夫差，乃可转败为胜。

译文

敌方兵力强大，将帅足智多谋，不可以同它正面抗衡，客观形势决定了必须暂时顺从它。用割让土地的办法讨好敌方，结果使它的势力更加强大，就像当年山东六国侍奉秦国那样，这是最下策；用进贡金钱布帛的办法讨好对方，结果便是增加敌人的财富，就像当年宋朝侍奉辽朝、金朝那样，这也是下策；只有向对方进献美女，以此消磨敌人斗志、损耗敌人体力，并且使他的部下增加怨恨情绪，就像当年越王勾践侍奉吴王夫差那样，才有可能转败为胜。

注释

1 事：侍奉。此处指顺从。

2 佚：使消磨、懈怠。

战例

匈奴冒顿单于巧计灭东胡

匈奴是中国古代北方的游牧民族。战国末期，其首领头曼单于占据了河套地区这一战略要地。秦统一六国后，秦始皇为解除其对中原的威胁，曾派大将蒙恬进行战略反击，并修筑“万里长城”进行防御。

到了汉初，太子冒顿杀死头曼单于成为匈奴领袖。当时匈奴周围强敌林立，尤其是东南的东胡更是劲敌。为对付强敌，冒顿单于整顿匈奴制度，巩固内部统治，并厉兵秣马，加强军事建设，训练了一支能征善战的强大骑兵，一步步地实施“先近后远”的征服战略。

当时，匈奴的强邻东胡王凭借自己强大的实力，不断对匈奴施加压力。冒顿单于即位之初，东胡王就派出使者，向匈奴索取头曼单于生前乘骑的千里宝马。冒顿征求群臣的意见，大臣们都主张拒绝这一无理要求，但冒顿对大臣讲，我们不能因为爱惜一匹马而得罪了邻居，所以痛快地派使者将宝马送到东胡。东胡王认为匈奴畏惧自己，于是得寸进尺，又派使者向冒顿单于索取头曼单于的阏氏（宫女），冒顿又征求大臣们的意见，大臣们都十分愤怒，认为东胡王欺人太甚，并请求单于下令讨伐东胡。冒顿单于力排众议，对大臣们说：“怎么能同别人做邻居而爱惜一个女子呢？”仍旧慨然将美女送给东胡王。东胡王越发骄傲，又派来使者要求匈奴单于将两国接壤地带的土地献给东胡。这一次，冒顿单于再也忍无可忍了，他发怒说：“地者，国之本也，奈何予人？”决定出击东胡。

原本东胡王在匈奴一次次的妥协下，认为匈奴软弱，不堪一击，所以对冒顿的进攻未做任何防备。不料，冒顿单于强悍的骑兵如神兵天降，东胡措手不及，被一举击破。

东胡是个畜牧兼农耕的部落联盟，匈奴灭东胡之后，不仅解除了后顾之忧，而且因得到东胡的土地、人民而国力大增。此后，冒顿单于“西击走月氏，南并楼烦、白羊河南王，悉复收秦所使蒙恬所夺匈奴地”，建立起了东接朝鲜，西接月氏、氐、羌，控弦之士数十万众的强大帝国。

掉进温柔陷阱里的法国导弹电子专家

华利甫·拉托曾是法国巴黎一家导弹制造公司的电子专家。20世纪60年代后期，他获准前往苏联参观访问。跨出国土之前，苏联情报机关克格勃就已经详细地调查了他的相关档案材料，获知此人生活奢侈且好色。克格勃认为正好可以利用这个弱点设法对其策反。

拉托到了苏联后，畅游了莫斯科，然后前往列宁格勒旅行。苏联国际旅行社进行了热情周到的安排。一天下午，当拉托在餐厅用餐时，一个苗条秀丽穿着入时的金发女郎姗姗步入餐厅，似乎是随意地坐到了拉托桌旁的一把空着的椅子上，并用俄语与他搭讪，当拉托有礼貌地用法语回答说自己不会俄语时，金发女郎显出十分高兴的样子，立即微笑着用纯正的法语介绍自己名叫塔尼亚·萨拉柯娃，是一名法语教师。拉托能在异国他乡遇上一个会讲自己母语又漂亮文雅的金发女郎，心里特别高兴，两人一见如故，相见恨晚。从此，塔尼亚成了拉托在列宁格勒旅游的贴心向导。

到了第四天晚上，塔尼亚又约拉托散步谈心。交谈中塔尼亚伤心地说自己的丈夫是军人，夫妻二人没有感情，生活很不幸福。拉托同情地把塔尼亚搂在怀里，于是塔尼亚更加热情，并主动提出去他的旅馆。二人像热恋中的情人一样耳鬓厮磨地回到了旅馆，拉托就这样掉进了温柔的陷阱。

但第二天下午，拉托的美梦就破灭了。两名克格勃官员找到他，拿出拉托昨夜同塔尼亚亲热的照片。证据面前，拉托吓得不知所措。克格勃官员告诉他，他“诱奸”的女人是苏联高级军官的妻子，克格勃可以以“间谍罪”和“诱奸军官家属罪”把他送交军事法庭，起码要判10年有期徒刑，拉托唯一的出路就是保证向克格勃提供关于空对空导弹自动跟踪控制系统的资料，且今后必须为苏联服务。拉托严词拒绝后被捕。

在监狱里，拉托终因忍受不了精神和肉体的双重折磨，向克格勃提供了情报，并同意当一名克格勃间谍。被释放后的拉托一回到法国，就立即勇敢坦率地向政府汇报了自己在莫斯科的遭遇。虽然受到了惩罚，但好在到1972年，法国当局终于澄清了对他的怀疑，恢复其原职。

第三十二计　空城计

导读

凡是读过《三国演义》的人都知道诸葛亮使用“空城计”退敌的故事。

三国时期，马谡失街亭后，魏将司马懿乘势引15万大军向诸葛亮所在的西城蜂拥而来。当时，诸葛亮身边没有大将，只有2500名士兵在城里。众人听到司马懿带兵前来的消息都大惊失色。诸葛亮登城楼观望后，对众人说：“大家不要惊慌，我略用计策，便可教司马懿退兵。”

诸葛亮传令把所有的旌旗都藏起来，士兵原地不动，如果有私自外出以及大声喧哗的，立即斩首。又叫士兵把四张城门打开，每张城门之上派20名士兵扮成百姓模样，洒水扫街。诸葛亮自己披上鹤氅，戴上高高的纶巾，领着两个小书童，带上一张琴，到城上望敌楼前凭栏坐下，燃起香，然后弹起琴来。

司马懿的先头部队到达城下，见这种情形，都不敢轻易入城，便急忙返回报告司马懿。司马懿听后笑着说：“这怎么可能呢？”于是便令三军停下，自己飞马前去察看。在离城不远的地方，他果然看见诸葛亮端坐在城楼上悠闲地弹琴。左面一个书童，手捧宝剑；右面一个书童，手拿拂尘。城门里外，20多个百姓模样的人在低头洒扫，旁若无人。司马懿很疑惑，便令部队撤退。他的二儿子司马昭说：“父亲您为什么要退兵呢？也许是诸葛亮家中无兵，故意弄出这个样子。”司马懿说：“诸葛亮一生谨慎，不曾冒险。现在城门大开，里面必有埋伏，我军如果进去，正好中了他们的计，还是快快撤退吧！”于是各路兵马都退了回去。

其实，“诸葛一生唯谨慎”，未必用此险招。但在军事上实施“空城计”，无论是在理论上还是在战争实践中都不足为怪。

从理论上讲，“空城计”属于“虚而虚之”的军事谋略。即本就空虚而又故意表现出空虚，反而能使敌人误以为我暗中做了充分准备。可见，“虚而虚之”是一种妙算，一种智慧，它妙就妙在从相反中求相成，反事物的真实面貌而行动，或顺着敌人的某些主观愿望而行动，使敌人按“相反的情报”做出与我“相成”的决策，如期就范。这里，“虚”既是真实，又是假象，关键是起到了迷惑和欺骗敌人的作用。

可见，“空城计”是一种在危急关头以大胆的行动造成敌人错觉和判断失误而达到排难解危目的的艺术。我们都知道，有风险才会有利益，且风险的大小和利益的大小是成正比的。“空城计”正是在迫不得已的情况下才使的招数。强敌当前，通往胜利的道路往往充满凶险，因而冒险总是不可避免的。如何提高冒险的成功率，就要求指挥员要研究敌帅的心理活动，巧妙利用对方的心理因素引诱其判断错误，迫使敌人放弃已有的计划，而自己则从不可能中创造可能，获得意外的收获。

当然，运用“虚而虚之”的谋略是有一定条件的。其一，这毕竟是万不得已情况下的险棋，需要冒最大的风险以求最大的成功；其二，这是改常法而使用变法，逆自己的习惯行事来迷惑敌人，因此不能经常使用；其三，此计主要是利用了对手的心理缺陷，一般地说，只有用于性格多疑的对手才可能见成效，并非“放之四海而皆准”。

原文	译文
虚[1]者虚[2]之，疑中生疑。	兵力本来空虚，干脆在外表上也显示空虚，使得敌人在狐疑中更生狐疑。在敌众我寡、强弱

刚柔之际[3]，奇而复奇。	悬殊的紧要关头，弱者反而可用奇而又奇的计谋来摆脱困境。

注释

1 虚：空虚。

2 虚：使空虚。

3 刚柔之际：语出《易经·解卦》。本卦初六《象》辞："刚柔之际，义无咎也。"可解作：敌众我寡的紧要关头。

按语

虚虚实实，兵无常势[1]。虚而示虚，诸葛而后，不乏其人。如吐蕃陷瓜州，王君焕死，河西汹惧。以张守珪为瓜州刺史，领余众，方复筑州城。版干[2]裁立，敌又暴至。略无守御之具，城中相顾失色，莫[3]有斗志。守珪曰："彼众我寡，又疮痍之后，不可以矢石相持，须以权道制之。"乃于城上，置酒作乐，以会将士。敌疑城中有备，不

译文

用兵作战，虚虚实实，没有一成不变的形式。本来空虚，偏偏公开显示空虚，自诸葛亮之后运用此计的不乏其人。如唐代时吐蕃攻陷瓜州，唐朝大将王君焕战死，河西一带百姓一片恐惧。这时朝廷任命张守珪为瓜州刺史，他上任后率领战后幸存的军民，正在重新修筑瓜州城墙。但刚打下木桩，铺好夹板，敌人又突然杀到。这时城中几乎没有什么可供御敌的武器，军民无不大惊失色，面面相觑，都没有与敌斗争的勇气。张守珪说："现在敌众我寡，又处于刚被洗劫之后，无法靠弓箭、礌石同敌人对抗，必须用奇计取胜。"于是他便在城楼上摆酒奏乐，宴请各位将士。敌人见

敢攻而退。又如齐祖珽为北徐州刺史，至州，会[4]有陈寇，百姓多反。珽不关城门，守陴者皆令下城，静坐街巷，禁断行人，鸡犬不乱鸣吠。贼无所见闻，不测[5]所以，疑惑人走城空，不设警备。珽复令大叫，鼓噪聒天，贼大惊，登时走散。

此，怀疑城中已有充分准备，不敢贸然进攻，遂撤兵而去。又如北齐时祖珽任北徐州刺史，刚到北徐州，就恰好赶上南朝陈军进犯，百姓又大多反齐归陈。于是祖珽下令不关城门，并命令在城墙防守的士兵一律下城，在街巷里静坐不动，并禁止行人通行，对鸡犬也严加管制，不许鸡鸣犬吠。陈军抵达时既见不到人影，又听不见声音，弄不清到底是怎么回事，怀疑人员逃光，城内已空，于是便不加戒备。此时，祖珽又下令将士擂鼓呐喊，声音震天动地，陈军大惊失色，顿时四散逃走。

注释

1 势：形式。

2 版干：筑城墙用的夹板和立柱。

3 莫：无，没。

4 会：正好赶上。

5 测：弄清楚，弄明白。

战例

“飞将军”设计退敌兵

西汉时，北方的匈奴经常袭扰汉朝边境。汉景帝任命李广为上郡（今陕西榆林一带）太守，加强边防。李广率军多次击退匈奴进攻，使匈奴不敢轻易南下。李广不仅箭术高明，百发百中，而且精于骑术，策马如飞，匈奴人一听到李广的名字，就吓得心惊胆战，还送他一个雅称——“飞将军”。

一次，匈奴单于又率军袭扰上郡，李广率百余名骑兵与敌军主力遭遇。匈奴单于见李广兵力单薄，以为只是诱惑他们进入包围圈的诱饵，于是在山坡上摆开阵势准备迎战。面对来势汹汹的匈奴主力，李广的部下非常害怕，建议以目前寡不敌众的形势，最好逃而避之。李广不愧为一代名将，他知道大敌当前，逃是绝对逃不掉的，不如索性使出一着险棋。他沉着地对部下说，现在我们远离主力大军，如果逃跑，匈奴大军追过来，没有一人能逃脱，但如果我们不后撤，匈奴反而会以为我们真的是诱兵，他们就不敢发起进攻。于是李广不但不撤兵，反而率军逼近匈奴大阵，让士兵在靠近匈奴大阵的地方解鞍下马休息。匈奴派一个将领前来侦察汉军的情况，李广果断地一箭将其射杀，然后又回到原地休息，这样更增加了匈奴的疑心。两军就这样相持到黄昏时分，匈奴人一直不敢贸然发起进攻。半夜，匈奴人担心汉军袭击，匆匆撤走。到了第二天，李广才率部从容地回到大营。

大敌当前，李广知道逃跑无异于送死，索性使出险招，逼近敌人大阵休息，射死敌方侦察将领，以说明自己这百十兵马不怕匈奴主力的进攻，给敌人造成错觉，让他们误以为汉军主力就在附近，这少数兵马只是诱饵，使敌人最终不敢发起攻击。孙子说“形兵之极，至于无形”，意思就是说将示形动敌的高明手法用到极致，就根本无形迹可寻了。李广之所以能够实施“空城计”虎口脱险，正在于他善于示形动敌。

聂荣臻导演新“空城计”

1948年10月，解放战争进入战略决战的第三年，国共双方军事力量对比发生了显著的变化，中国人民解放军已发展到280万人，不但能打运动战，而且能打阵地战，解放区面积已扩展到全国的四分之一，人口达1.5亿。而国民党军此时虽仍有365万人，但一线兵力只有175万人，所以不得不改“全面防御”为“重点防御”。针对战略形势的变化，毛泽东同志和中共中央毅然决定实施战略决战，抓住良机，消灭蒋介石有生力量。于是，辽沈、淮海、平津三大战役次第展开。

当辽沈战役即将全面结束，淮海战役节节胜利之时，华北傅作义却乘我华北解放区兵力空虚之机企图偷袭。他组成优势兵力，集结数千辆汽车，企图快速奔袭石家庄。石家庄时为华北人民政府所在地，距中共中央和解放军总部所在地河北平山县西柏坡仅90公里。当时承担石家庄防御的兵力很薄弱，形势对我极为不利。

为粉碎敌人的企图，华北军区领导人聂荣臻当起新“诸葛”，导演了一出新“空城计”。他一方面命令华北军区第7纵队、华北第2兵团、东北野战军第11纵队等部火速驰援石家庄，命冀中军区部队和中央警备团在沙河、滹沱河一带大规模地构筑阵地，摆出一副坚定的架势；另一方面又“先声夺人”，以军区发言人的名义在新华社发表广播讲话和评论，揭露傅作义偷袭石家庄的阴谋，宣布我军已准备就绪，只要敌人敢来就“休想再回得去”。敌人听到广播后将信将疑，马上派飞机进行低空侦察，结果发现了解放军的三道防御工事，遂犹豫起来。几天后，敌人又发现我军主力已南下驰援石家庄，随后又听说解放军已全歼了阎锡山派来配合傅作义南进的第49师。更加犹豫的傅作义担心被两面夹击，不敢贸然偷袭，急令停止计划。

在这次反偷袭中，解放军以虚示实，拖延了敌人行动，同时又调兵火速增援，歼敌援军，通过虚实并用争取了时间，以实际行动粉碎了敌人的偷袭阴谋，导演了一出有声有色的现代版“空城计”。

第三十三计　反间计

导读

本计出自《孙子·用间》:“反间者,因其敌间而用之。”所谓的反间,就是让敌人的间谍反过来为我所用。

在《用间》中,孙子提出了五种用间的方法:“乡间”(利用敌方的同乡、亲友关系打入敌人内部)、“内间”(收买敌方官员)、“生间”(让己方间谍完成任务后顺利返回)、“反间”(使敌人的间谍自觉不自觉地为我所用,达到扰乱敌人视听、收集机密情报的目的)和“死间”(故意泄露虚假情报,牺牲己方间谍以诱使敌人上当受骗)。

按照孙子对“反间”的定义为“因其敌间而用之”,可知反间重在收买、利用敌方间谍,使其为我所用。要让敌方间谍为我效力,一般来说有两个办法:一是以高官厚禄、美女为诱饵进行收买,使敌间直接为我服务,或变成双重间谍;二是采取就坡下驴、顺水推舟、将计就计的手段,让敌间于不知不觉中为我所用,比如通过泄露假情报使敌间上当。“反间计”充分利用了人性多疑的弱点,屡试不爽。战争史上,施行“反间计”成功的战例颇多,如:陈平施反间计迫使谋士范增离开项羽;周瑜在“群英会”中诱骗蒋干中计,使曹操杀掉蔡瑁、张允,促成火烧赤壁的成功。

《三十六计》将“反间”作为单独一计,足见其对“反间”地位的重视,也反映了其作者对《孙子兵法》“用间”思想精髓的领会。实际上,“五间”之中，孙子最重视的就是反间，它不但是乡间、内间、生间和死间的前提和基础，位于“五间”核心，而且也是诸情报手段中最为重要的。因为施行“反间计”不仅可以用来取得情报、伪情惑敌，而且还可以对敌人进行挑拨离间，造成其内部的相互猜疑、人心涣散乃至反目成仇。所以，“反间计”是“用间”的最高境界和理想境界，且最精彩、最能反映军事权谋，成功率也最高。

原文

疑中之疑[1]。比之自内，不自失也。[2]

译文

在疑阵之中再布置一层疑阵（以便让敌人疑上加疑从而听凭我的摆布）。这如同《易经·比卦》所说的，有来自对方内部的辅助，自己就不会遭受损失。

注释

1 疑中之疑：在疑阵中再布疑阵。

2 比之自内，不自失也：语出《易经·比卦》。《象》辞：“比之自内，不自失也。”此处意为，有来自对方内部的辅助，自己就不会遭受损失。

按语

间[1]者，使敌自相疑忌也。反间者，因敌之间[2]而间[3]之也。如燕昭王薨[4]，惠王自为太子时，不快[5]于乐毅。田单乃纵反间曰：“乐毅与燕王有隙[6]，畏诛[7]，欲连兵王[8]齐。

译文

所谓用间，就是使敌人内部自相猜疑。所谓反间，就是利用敌方的间谍对敌人进行离间挑拨。如燕昭王去世后，惠王即位，惠王在当太子时就对乐毅不满。于是，齐将田单就派人去燕国施以反间计，散布流言说：“乐毅与燕王有矛盾，怕被燕王杀掉，想凭借所统率的大军联合齐军，在齐国称王。因为齐人还没有归附，所以暂缓齐人未附,故且缓攻即墨,以待其事。齐人惟恐他将来,即墨残矣!”惠王闻之,即使骑劫代将,毅遂奔赵。如周瑜利用曹操间谍,以间其将,亦“疑中之疑”之局也。

攻打即墨,以待条件成熟。齐国人只担心燕国委派别的将领来,那样即墨城便遭殃了!”惠王听到这些传闻后,就派骑劫取代乐毅统率军队,乐毅就逃奔赵国去了。又如,周瑜利用曹操派来的间谍,去离间曹操和他手下大将之间的关系,这也属于“在疑阵中再设疑阵”的计谋。

注释

1 间:用间,离间。
2 间:间谍。
3 间:离间,挑拨。
4 薨:古代侯王死称作“薨”。
5 快:喜欢,满意。
6 隙:矛盾,过节。
7 诛:杀。
8 王:称王,建立霸业。

战例

皇太极计除袁崇焕

明崇祯三年（1630），北京城内到处流传着一个消息，说抗击后金的名将袁崇焕因为私通敌人被抓获，将被绑缚西市刑场千刀万剐。民众不明实情，觉得奸细被绳之以法也是理所当然，无不拍手称快，前往观看并唾弃这一“汉奸”。普通的市民们哪里知道，这其实是皇太极施展反间计所导演的一出天下奇冤。

早在崇祯元年（1628），一向以忠君爱国、英勇善战见称的名将袁崇焕被刚刚登基的崇祯帝重新起用，前往辽东收拾一败涂地的关东战局。受命于危难之际的袁崇焕将明军防线北移，收复并坚守山海关外的宁远城，把后金重兵挡在山海关外，坚持以守为主的战略与后金进行消耗战。他还针对后金经不起消耗的情况，建议明廷暂时与其“议和”，以换取时间，并诱使后金归还辽东土地。应该说，袁崇焕的“议和”在当时情况下是有道理的，但明廷瞧不起后金，耻于议和，朝中一帮文臣借机落井下石，纷纷弹劾袁崇焕。

皇太极得知这些情况后，决定利用崇祯帝多疑的性格，施行“反间计”除掉袁崇焕。

崇祯二年（1629），后金军夺下明朝许多边城，势如破竹攻向北京。袁崇焕得报后心急如焚，明知是“调虎离山”之计，但由于保都心切，他仍然率军星夜回援，赶到北京广渠门外与后金军大战，后金军不支而退。袁崇焕知道这一仗其实是侥幸得胜，所以他想等援军到来之后，再对后金军进行彻底反击。

然而在袁崇焕等待援军的时候，城内已经谣言四起。原来，一些溃败的后金士兵在北京郊外烧杀抢掠，北京城居民只顾自己身家性命，就说袁崇焕不肯出战是别有用心。更有甚者说袁崇焕是在有意引来后金兵以威逼皇帝“议和”。崇祯帝看到袁崇焕迟迟不肯决战，又听到如此谣言，更加忧虑。

“反间”初步成功的皇太极决定趁势再烧上一把火。他派两个后金将领看管被俘的明军太监杨春，这两个军官很晚才回营，并故意坐在床上议论袁崇焕已写信投降皇太极的事，随后又假意疏忽让杨春得以逃跑。杨春逃回京城后马上向明廷汇报了这个“军情”。这样，崇祯帝更加信以为真，遂将袁崇焕逮捕下狱。另一边，皇太极立即回军迫近北京永定门。崇祯帝冒险求战，全军覆没。袁崇焕后来被杀，他组建的辽东劲旅也随即成为一盘散沙，同时，也导致各地前来北京勤王的将士军心大乱，这些人员溃散回乡后，又成为埋葬明朝的农民起义军的骨干，加速了明朝的灭亡。

冤死的红军元帅图哈切夫斯基

20世纪30年代，法西斯德国磨刀霍霍，觊觎东方的社会主义大国苏联，但在表面上却玩弄种种手法，以欺骗斯大林。早在与苏联签订《苏德互不侵犯条约》之前，德国就已使用“反间计”，成功地使斯大林误杀了图哈切夫斯基等一大批苏联红军将领。

图哈切夫斯基是苏联著名的军事活动家和军事理论家，有卓越的指挥才能。他担任过工农红军军事学院院长、红军参谋长、第一副国防人民委员等重要职务。在军队改革、发展航空兵、开展国防科研和培养军事骨干等方面做出了重大贡献。

“二战”爆发前，图哈切夫斯基就对德国的疯狂备战保持了高度的警惕。1935年，他发表了《当前德国的军事计划》一文，强调德国入侵苏维埃的威胁已迫在眉睫，指出希特勒的野心不仅在于有反苏的锋芒，而且有吞并整个西方的复仇计划，可以说，这一研究高屋建瓴，为此他还提出了一系列应对德国的战争准备措施。

法西斯德国自然将图哈切夫斯基这样的苏联军事领导人视为眼中钉肉中刺，必欲除之方后快。

1936年下半年，斯大林开始酝酿清洗军队干部。德国人认为这是施展反间计的大好时机。为了除掉图哈切夫斯基，希特勒的情报机关挖空心思制造了一整套假情报，德国盖世太保假造了12个月中图哈切夫斯基等高级军官与德国军官之间的来往信件，这些信件达到了以假乱真的地步。信中诬陷苏联统帅部高级将领图哈切夫斯基与德国正在进行秘密勾结，企图用军事力量推翻斯大林的领导，而且这一反对斯大林的暴乱计划已经获得德国国防军的支持诺言。然后，德国情报机关用种种手法使苏联间谍上钩，将这些假情报以高价买回，苏联统帅部尤其是斯大林对此信以为真。1937 年 6 月，斯大林下令以“间谍和叛国罪”将图哈切夫斯基等人枪杀，随后又有一大批红军高级将领被牵连杀害，导致红军战斗力急剧下降，给苏联卫国战争初期的作战带来了不可估量的影响。

第三十四计　苦肉计

导读

此计具体出处说法不一。一说出自元代关汉卿的《关大王独赴单刀会》第一折:“亏杀那苦肉计黄盖添粮草。”另一说出自明代罗贯中的《三国演义》第四十六回,孔明曰:“不用苦肉计,何能瞒过曹操?今必令黄公覆去诈降,却教蔡中、蔡和报知其事矣。”总之,该计源自三国故事中周瑜打黄盖,计赚曹操一事。

按照常理,人一般不会自我伤害,而遭受伤害必是真实情况。于是,通过故意伤害自己或为自己人所伤害的手段,以取得敌人信任,从而顺利实现目标的做法就被称为“苦肉计”。

在你死我活的战场上,敌我双方斗智斗勇,各施高招。双方无不竭力打探对方虚实,无不想从内部对对方进行破坏,而为了取得理想效果,派人诈降打入对方内部是一种常用的办法和有效途径。但“叛逃”“归降”要打消敌人的怀疑,为对方所信任,就必须做得“合情合理”,如此,“苦肉计”就成为一个常用的计谋。因为,从谋略机理上讲,“苦肉计”的特点就在于逆人之常情,违反人们一般的分析判断习惯,通过局部的自我牺牲,为打入敌人内部的我方人员提供赢得敌人信任的事实,增加可信度,达到取信于敌的效果。

于是,两军对阵,挑选忠心耿耿之人,进行公开的折磨或羞辱,让其

"叛逃"或"归降"的事例就屡见不鲜。三国时期的"周瑜打黄盖"就是个中经典,正是周瑜知道曹操派来的间谍已经潜伏在吴军大营,所以他在大帐内当众实施"苦肉计"痛打黄盖,蒙蔽诈降归顺的蔡中、蔡和二人,通过他们将此事传递给江北的曹营,因而给黄盖驾扁舟去诈降提供了条件。

高明的谋略家还常常将"苦肉计"与"反间计"配合使用。其主要做法是,当发现敌方已经在我方安插间谍后,要装作不知,先不打草惊蛇,而是将计就计,顺势制造假情报,反而让敌方间谍为我所用。"二战"中,原为德国间谍机关特务的挪威籍人穆特和杰夫被英海军情报局俘虏,英国利用二人以假情报愚弄德国人,两次用"苦肉计"导演恐怖性爆炸事件,让他们两人以此向德国报功并取得信任,而实际上,他们通过向德国人提供假情报,帮助英海军进行了大量的欺骗活动。

原文

人不自害,受害必真。假真真假,间[1]以得行。童蒙之吉,顺以巽也。[2]

译文

人不会自我残害,一旦受到残害,必定是真实的。如能把假的做得像真的一样,离间之计就得以实现了。《易经·蒙卦》上说:对付天真无知的孩童,只要顺着他的意思,他就会任你摆布。

注释

1 间:离间。

2 童蒙之吉,顺以巽也:语出《易经·蒙卦》,本卦六五《象》辞:"童蒙之吉,顺以巽也。"本意是说幼稚蒙昧之人所以吉利,是因为柔顺服从。这里转义为对付无知的幼童,只要顺着他的意思,他就会任你摆布。

按语

间者,使敌人相疑也;反间者,因敌人之疑,而实[1]其疑也。苦肉计者,盖假作自间[2]以间[3]人也。凡遣与已有隙者以诱敌人,约为响应,或约为共力者,皆苦肉计之类也。

译文

用间,就是使敌人互相猜忌;反间,就是针对敌人内部互相猜疑,而设法使他们之间的种种猜疑得到证实。所谓苦肉计,一般都是装出自己内部有矛盾的样子,去离间敌人。大凡派遣与自己有矛盾的人去诱骗敌人,约定做内应,或者约定通力合作的,都属于苦肉计一类。

注释

1 实:使落实,变成事实,得到证实。
2 间:间隙,矛盾。
3 间:离间,挑拨。

战例

朱元璋应天破敌

1358年，农民起义领袖朱元璋已经据有江苏大部、浙江、安徽一带的广大地区，他的第一步目标是统一江南。当时以占据江西地区的陈友谅集团兵力最强，对朱元璋构成的威胁也最大。

谋士刘基为朱元璋筹划了“先陈后张，各个击破”的战略。朱元璋立即集中主力先攻打陈友谅，而对张士诚集团则采取守势，控制江阴等战略要点，以防张士诚势力向西发展，并拉拢浙东的方国珍集团，以牵制张士诚。

1360年闰五月初一，陈友谅率舟师10万，夺占采石，自立为帝，国号汉，改元大义。初五，陈友谅约张士诚夹攻朱元璋。

当时，陈友谅在兵力上占有绝对优势。朱元璋在刘基建议下，“伏兵伺隙击之”，决定在应天（今江苏南京）与陈友谅决战。为防陈友谅与张士诚结盟，陷自己于两面受敌的境地，朱元璋决定利用陈友谅求战心切，志骄轻敌的心理，巧妙用间，诱敌设伏，聚歼陈军。

朱元璋先让陈友谅的老友、元朝降将康茂才写信给陈友谅诈降，表示愿为内应，并约定在江东桥（今江苏南京江东门附近）会合，以呼“老康”为接应暗号。同时，又巧妙地做好了几处埋伏。朱元璋亲率主力埋伏于卢龙山（今江苏南京狮子山）。部署的信号是，一等陈友谅军队进入伏击圈，立即举红旗为号；伏兵出击后，举黄旗为号。

陈友谅率大军浩浩荡荡开往应天，对康茂才的诈降信以为真，便顾不上与张士诚会合，于闰五月十日来到江东桥，连呼“老康”不应，方知上当，仓促下令建立阵地。

朱元璋在卢龙山上看得真切，一见陈军进入伏击圈，遂乘其登岸立营未稳之机，举黄旗发出攻击信号。一时间鼓声震天动地，伏兵四起，水陆夹攻。陈军受此突然打击，阵势大乱，争相登舟逃回，此时正值江水退潮，陈军的巨型战船划动不得，士兵被杀和落水的不计其数，被俘者达2万余人。陈友谅手下诸将纷纷向朱元璋投降，陈友谅乘小船侥幸逃回江州（今江西九江）。原来答应与陈友谅夹击朱元璋的张士诚则一直守境观望，未敢出兵相助。朱元璋挥师西进，夺回安庆等战略要地。应天之战以朱元璋大获全胜而告终。

应天之战后，陈友谅集团内部离心离德，朱元璋趁机向西扩大自己的势力范围，实力不断得到加强，为最后消灭陈友谅奠定了坚实基础。

“打草惊蛇”，以色列摧毁叙利亚导弹基地

1982 年 6 月 6 日凌晨，以色列突然入侵邻国黎巴嫩。此次入侵的目的，一是妄图把活动在黎巴嫩境内的巴勒斯坦游击队全部赶走，二是拔掉眼中钉——叙利亚在贝卡谷地建立的萨姆 -6 导弹基地，摧毁叙利亚的防空设施。

为此，以色列调动了五分之三的常备兵力，兵分三路向北推进。6 月 9 日，以西路军杀到了黎巴嫩首都国际机场，中路大军切断了叙利亚与黎巴嫩的联系，东路大军也如期逼近贝卡谷地。

当日上午，贝卡谷地沉浸在可怕的寂静中。叙利亚军装载着导弹的履带车隐蔽待命，装备着萨姆 -6 导弹的主力防空部队严阵以待，准备痛歼以色列空军。

但战斗迟迟没有打响。到了中午，以色列两架电子战飞机才开始升空，飞临地中海上空监视叙军飞机和地面部队的活动情况。下午 2 时，以军大量最新的美式战斗机也次第呼啸着冲上蓝天，准备实施低空轰炸攻击。

叙利亚担任警戒的雷达发现以色列飞机侵入领空后，贝卡谷地拉响了凄厉的战斗警报。叙导弹部队迅速进入临战状态，密切地监视着天空。

叙军指挥员不知是计，一见以军飞机飞来，就果断地下令雷达开机跟踪目标，并发射导弹进行阻击。但他们怎么也没想到，以军玩的是“引蛇出洞”。先后扑向叙军导弹阵地的其实是装有电子摄像机的无人侦察机，这些“诱饵”欺骗叙军制导雷达开机，窃取到萨姆 -6 导弹制导雷达的频率、方位等信息，并马上把这些数据传送给以色列空军

和地面部队，以色列空军得以依此准确地攻击叙军导弹的激光制导系统。当叙军发现异常下令雷达关机时，一切都晚了。

叙利亚空军此时也得到了贝卡谷地导弹阵地遭到突然袭击的情报，于是紧急前往援救，并对以军飞机进行截击。但叙军飞机刚滑入跑道，就被以军无人侦察机的“鹰眼”发现，并在几秒钟内计算出其距离、航速、高度、方位等，叙飞机迅速被以色列混合作战机群拦截和围歼。

就这样，以军机群安全突防之后，迅速扑向叙军导弹阵地，再一次向叙军导弹阵地发射导弹，对贝卡谷地进行饱和轰炸。叙利亚经营10年、耗资20亿美元建成的防空导弹基地（19个导弹营）在6分钟内化为一片废墟。

第三十五计　连环计

导读

该计出处说法不一。有学者认为出自《三国演义》中庞统使用“连环计”败曹操的故事。当时曹操准备攻打江东，但苦于士兵不习惯坐船。庞统已经知道最近会有东南风，为了让曹操行动失败，同时配合周瑜的火攻，就向曹操建议把所有战船用铁索连接起来以使船只稳定。曹操采纳了庞统的建议，并把这些船称为“连环战船”。结果，赤壁之战中，曹军的船只遭受火攻，东南风助长火势，加上铁索传热，结果没多久就全军覆没了。

《三十六计》中，“连环计”是指数计并用，好像环与环一个接一个地相连起来一样。

关于“连环计”，历来就有两种不同的解释。一种理解认为，对于兵力强大的敌人，不能与其硬拼，应当运用计谋使敌人互相钳制，使其在互相掣肘中发挥不出战争能量，乃至相互残杀，力量得以削弱；另一种理解是，以一计牵制敌人，另以一计攻击敌人，两计互为支撑，达到制胜的目的。

实际上，“连环计”的表现形式是非常多样的。“连环计”，顾名思义就是多步骤、多环节的计谋，少则两步或两个环节，多则可无定数，步步相接，环环相扣。

"连环计"的实质在于发挥己方的主观能动性,设法束缚敌人,使其失去主动权。正如《兵经百言》中所说:"大凡用计者,非一计之可孤行,必有数计以勷之也……前未行而后复具,百计迭出,算无遗策。虽智将强敌,可立制也。"用现代军事术语来说,就是在作战指导上,应统观全局,关照各个战场的联系,以及战役、战斗的各个发展阶段甚至各个环节,并最终实现破敌取胜的目的。如解放战争时期,毛泽东同志指挥平津战役时,数计并用,一环扣一环,前后照应,紧密联系,一气呵成,可谓将"连环计"使用到了极致。

原文

将多兵众,不可以敌,使其自累[1],以杀[2]其势。在师中吉,承天宠也。[3]

译文

敌人兵多将广,不可以和他硬拼,而应该设法使其自我拖累,从而削弱他的势力。这就是《易经·师卦》所说的道理:主帅身在军中指挥,用兵得法,就像得到上天宠爱,可以战胜敌人。

注释

1 累:拖累。

2 杀:削弱。

3 在师中吉,承天宠也:语出《易经·师卦》。本卦《象》辞:"在师中吉,承天宠也。"是说主帅身在军中指挥,吉利,因为得到上天的宠爱。

按语

庞统使曹操战舰勾连,而后纵火焚之,使不得脱。则连环计

译文

庞统怂恿曹操把战舰用铁链连接起来,然后让吴军纵火焚烧,致使曹军战舰无法逃脱。这么说,连环计的秘诀就在于

者，其法在使敌自累，而后图[1]之。盖一计累敌，一计攻敌，两计扣用，以摧强势也。如宋毕再遇，尝引敌与战，且前且却[2]，至于数四，视日已晚，乃以香料煮黑豆，布地上，复前搏战，佯败走。敌乘胜追逐，其马已饥，闻豆香，就食，鞭之不前。遇率师反攻之，遂大胜。皆连环之计也。

使敌人自缚手脚，然后再设法对付他。一般来说，这是用一计来束缚敌人手脚，再用另一计攻击敌人，两计结合使用，从而摧毁势力强盛的敌人。例如宋代的毕再遇，曾引诱敌人与他交战，（在作战过程中，）他一会儿前进，一会儿后退，这样一直重复了四遍，当看到天色已晚时，他又用香料煮黑豆，再把这些黑豆撒在阵地上，然后再上前与敌人战斗，不一会儿便假装败退。敌人乘胜追击，但坐骑已饥肠辘辘，闻到豆子的香味，都去争吃豆子，即使用鞭子抽打它们也不前进。毕再遇便乘机率领部队反击，终于大获全胜。这都属于连环计的策略。

注释

1 图：设法对付。

2 却：后退。

战例

太平军巧施连环计解天京之围

1860年，清军围困太平天国首府天京（今江苏南京）。危难之时，太平天国干王洪仁玕与忠王李秀成等将领巧妙地运用“围魏救赵”“釜底抽薪”“金蝉脱壳”等一系列策略，不仅解了天京之围，而且大破清军江南大营，上演了一出精彩绝伦的连环计。

天京被困，驻守浦口的太平军青年将领李秀成向天王洪秀全建议，采取轻兵南攻湖州、杭州等地的办法，将包围天京的清军调开，以减轻天京压力，同时南进的太平军则可以趁机回师天京，以打破清军对天京的包围。洪秀全同意了这一作战方案。

1860年1月28日，李秀成前往芜湖部署了各路太平军的作战任务。

2月10日，李秀成会合左军率轻兵急袭杭州清军大营的粮食基地，倘若杭州有失，清军江南大营粮饷供应必将断绝，可收“釜底抽薪”之效，极度恐慌的清军直奔杭州增援。

3月11日，李秀成军攻破杭州，为达到“调虎离山”的目的，李秀成下令于城上遍插旗帜，虚设疑兵，引诱清军来“夺回”杭州，而自己暗施“金蝉脱壳”之计，指挥太平军秘密撤出杭州，疾驰北返。

当清军弄清太平军去向时，李秀成等两路大军已攻下重镇建平（今安徽郎溪）。在建平，太平军商议并制订了进攻清军江南大营、解天京之围的作战计划。会议决定：先攻取溧水，从南路向天京逼进；李世贤率部攻取溧阳、句容；李秀成率军直扑淳化镇；陈玉成负责北路，等南路得手后一起合攻江南大营。

战事进展顺利，在攻取天京外围要害，“调虎离山”成功分散清军后，太平军立即乘敌兵力空虚之机，兵分五路，向清军江南大营发起总攻。这时，洪秀全得知外援已到，也派城内太平军纷纷出击，一时间炮声轰隆，人声鼎沸，太平军“关门捉贼”般地团团围住清军江南大营猛攻，清军大败，太平军胜利地解除了天京之围。

在破江南大营的这场斗争中，太平军抓住清军反应迟缓的战机，通过快速坚决的机动作战，连施巧计，示形动敌，陷敌于被动，形成对敌优势，从而一举击破清军江南大营，使太平天国再一次转危为安。

“蘑菇”战术显神威：解放军陕北三战三捷

1947 年 3 月，国民党蒋介石在对解放区的全面进攻破产后，调整战略部署，采取“重点进攻”的战略，集中重兵对我山东和陕甘宁解放区发起疯狂进攻，妄图对解放区进行两翼突破，以扭转其在全国战场上的被动局面。

3 月 13 日，蒋介石调胡宗南向我陕甘宁解放区发动重点进攻，企图一举占领延安，将解放军赶出西北，然后调动兵力进攻华北，达到各个击破的目的。当时，敌我力量对比悬殊。但在毛泽东同志的亲自指挥下，我军制定了“蘑菇”战术的作战方针，其核心是充分利用我军有利的群众基础和对地形的熟悉，与敌斗智斗勇，扬长避短，在广阔的战场上牵着敌人的鼻子走，以逸待劳，避实击虚，从而牢牢掌握战争的主动权，粉碎敌人的进攻。

3 月 19 日，我军在完成阻击任务后主动撤离延安。敌人占领延安后，认为我军是“不堪一击，仓皇北窜”，并判断我军主力在延水以北，遂决定以 1 个旅的兵力佯攻正面，实施追击，主力则企图将我西北野战军主力包围于瓦窑堡加以围歼。针对敌人的企图，我西北野战军首长将主力隐蔽地集结在延安东北的青化砭以西地区，而只以 1 个营的兵力保持与敌接触，并将 6 个旅的电台全部配属给该营，频繁进行联络，造成我军主力在延安西北的假象，敌人果然信以为真，于是沿延河追击，并令其第 31 旅进驻青化砭，以掩护其侧翼。这种部署正好中了我军分散敌人的圈套。我西北野战军主力迅速在青化砭布下口袋，一等敌人进入伏击圈，立即以排山倒海之势发起冲击，速败敌人。

青化砭一役，胡宗南发觉我军主力不在西而在东，当即东向寻我主力决战。为避敌锐气，我军决定将主力转移到敌重兵把守的蟠龙西北进行休整，然后东进寻机歼敌，同时将计就计，以第358旅冒充西北野战军主力牵制敌人。敌人又信以为真，遂以主力部队紧追不舍。在我军的反复调动下，敌军被拖得疲惫不堪，给养困难，只得以其第135旅留守瓦窑堡，而将主力南下蟠龙、青化砭进行休整补充。为阻滞敌人收缩整补，使其陷于更加疲惫的境地，西北野战军首长又巧妙设计引敌135旅“出洞”，并予以歼灭。

敌人连吃两个败仗之后，更加迫切地寻求与我军主力进行决战，我方根据毛泽东同志的指示，再施“调虎离山”之计，趁敌主力劳师远涉回援不及之际攻打其后方大本营蟠龙，达到“釜底抽薪”之效。

蟠龙镇是延安外围的重要屏障。胡宗南在此设立了前方补给基地，并修筑了坚固的工事。为此，野战军“声东击西”，把敌军主力10万大军吸引到蟠龙以北，同时摆出我主力欲东渡黄河的架势，将部分部队于白天送过黄河，夜间再返回来。蒋介石得知我军渡河的“情报”后，马上令胡宗南驰往绥德欲攻击我军于黄河东岸。这样，留守蟠龙的敌167旅就陷入孤立无援之地。5月2日，我军以迅雷不及掩耳之势，对蟠龙发起猛攻，经过两天的战斗，攻克蟠龙，全歼守敌并缴获辎重颇多。当敌军主力于5月9日赶回救援时，眼前只剩一座空城，我军主力早已转移到安塞地区进行休整了。

至此，我军通过巧施连环计，三战三捷，终于粉碎了国民党军对陕北革命根据地的进攻。

第三十六计　走为上

导读

计名出自《南齐书·王敬则传》:“檀公三十六策,走是上计。汝父子唯应急走耳。”

打仗总是有进有退,战争史上只讲进攻而无退却的作战是没有的。但为什么要说“走为上”呢?这是由军事活动的特殊性和复杂性决定的。

首先,只有善于“走”——退却,才能摆脱不利局面。我们知道,战争的基本原则无非是保存自己消灭敌人。但当敌人十分强大、己方一时还不能转变敌我优劣态势、或陷于被动而又无力扭转败局之际,硬拼势必损失惨重,得不偿失。相反,先让一步,适时退却以摆脱困境,保存有生力量,留得青山在,不怕没柴烧,无疑是最为高明的。

其次,善于“走”体现了灵活用兵的精神。毛泽东言:“打得赢就打,打不赢就走。”这是对灵活用兵原则的生动概括。因为,退却与进攻一样,都是战争中力争主动摆脱被动并最终夺取胜利的一个重要手段,并不是什么耻辱的事。历史上善于组织退却的军事家不乏其人。如齐魏马陵之战,孙膑后撤诱庞涓;晋楚城濮之战,晋文公退避三舍歼楚军等。他们或是为诱敌于预设的战场,或是为分散敌之兵力,或是为避敌锋芒寻找有利战机等。可见,退却同样是一门军事艺术。

再次,“走”是对敌斗争的谋略需要,是以退为进。从军事辩证法来说，当一味求进已不现实时，以退为进未尝不是好办法，这是“将欲取之，必先与之”，从相反中求相成，从矛盾对立面中求制胜之道，也即“以迂为直”。

当然，“走”——主动退让，既可以是战略上的，又可以是战役、战术性的，而且可以有多种形式。比如，以放弃部分土地为条件，以时间换空间，以空间换主动，以丧失求获胜等等。毛泽东在《中国革命战争的战略问题》一文中就曾说：“‘将欲取之，必先与之’，如果我们丧失的是土地，而取得的是战胜敌人，加恢复土地，再加扩大土地，这是赚钱生意。”在《革命单搞军事不行》中，毛泽东又说：“打仗没有什么巧妙，简单说就是两句话，打得赢就打，打不赢就走。打得赢就是集中优势兵力消灭敌人，集中五个指头割他一个指头。割掉一个，他就少一个，事物是可以分割的，以后有机会又可以割一个，又少一个，只剩八个了，然后有机会再割一个，总之要割掉。所谓割掉指头，就是把敌人搞过来，除打死打伤之外，把官兵、枪枝、弹药都夺取过来，这就叫打得赢就打。那么打不赢呢？就走，走得远一点，使敌人不知你到哪里去了。”同样，战场上，强大或弱小之师在初战胜利的形势下主动退让，与乘胜而进相比，表面上背道而驰，但作用都是为了避免不必要的损失，使自己处于更有利的态势。

需要注意的是，任何的“走”——退让和示弱，都是有条件的，因为“走”的最终目的是为了“打”。或者说，“退”只是手段，“进”才是目的。所以，在实施“走”时，一定要从战争全局来考虑，看其对战争全局是否有利，是否能以局部的退换取全局的进，从而决定要不要退，要不要主动退，退的话要退多少。同时，还要做出周密的计划和安排，以恰当的方法退却。

原文

全师避敌[1]。左次无咎，未失常也。[2]

译文

为保全军队而主动避让强敌。这种退却是无可指摘的，并不违反用兵的常理。

注释

1 全师避敌：保全军队，避开强敌。

2 左次无咎，未失常也：语出《易经·师卦》。本卦六四《象》辞：“左次无咎，未失常也。”左次乃退舍之谓也。《诚斋易传·师》解释说：“盖善师者不必战，以守为战，亦战也；善战者不必进，以退为进，亦进也。”

按语

敌势全胜，我不能战，则必降、必和、必走[1]。降则全败，和则半败，走则未败。未败者，胜之转机也。如宋毕再遇与金人对垒，一夕拔营去[2]，留旗帜于营，豫缚生羊悬之，置前二足于鼓上。羊不堪倒悬，则足击鼓有声。金人不觉，相持数日，始觉之，则已远矣。可谓善走者矣。

译文

敌人处于全胜的有利态势，我们无法同他抗衡，就只有投降、讲和或退却三条出路。投降就是彻底失败，讲和属于半败，退却则没有失败。没有失败，就是胜利的转机。如宋代毕再遇同金兵对垒，一天晚上他拔营撤退，但把旗帜照常竖立在大营之内，并预先把活羊倒吊起来，把羊的两只前蹄放在鼓上。羊忍受不了倒悬的痛苦，挣扎中两只前蹄便频频打击在鼓面上，发出阵阵鼓声。金兵毫无察觉，相持几天之后，才发觉上当，然而这时宋军早已远去了。这可以称得上是善于实施退却的例子。

注释

1 走：退却，撤退。

2 去：撤回，撤退。

战例

张献忠"以走致敌"破襄阳

崇祯十年（1637），明廷张"十面埋伏"之网，对起义的农民军进行大肆围剿。

同年八月，农民军领袖张献忠不幸在南阳受伤，只好率部转入湖广麻城、黄陂地区，但面对明军的接踵而至，再进行大规模的转战已非常困难，张献忠也想借机休整，遂于次年正月贴出告示，宣布愿意归降，但暗中却紧锣密鼓地造炼兵器，伺机再起。

崇祯十二年（1639）五月，张献忠率部重新起义。崇祯帝震怒，于八月任兵部尚书杨嗣昌为督师，集中湖北、河南等五省10余万明军主力，对农民军全面展开"围剿"。农民军为摆脱寡不敌众的困境，只好离开明军主力云集的湖北，进入四川。

杨嗣昌对四川实行铁桶一样的合围，企图将张献忠军消灭。张献忠时南时北，用快速机动的作战方法使明军疲惫，足迹几乎遍及整个四川。十二月初五，张献忠攻入泸州。泸州三面临江，只有立石站一路可以北走，明监军万元吉企图以重兵自南向北进攻，迫使农民军北走，而以伏兵逆击之。张献忠察觉后当机立断，突然挥师东向，甩掉尾随之敌，跳出明军包围圈，进入湖广境内。在其后近6个月的时间里，张献忠军以相似的方法成功粉碎了明军的围剿，把明军拖得疲惫不堪，战斗力锐减。

崇祯十四年（1641）正月，张献忠率部进至开县黄陵城（今重庆市开州区东5里），此处地形险要，张献忠严密布下陷阱。明军赶到时已是人困马乏，恰恰又大雨滂沱，但由于将领求胜心切，不顾人马疲惫、地形生疏，仍旧下令全面进攻。张献忠登高瞭望，见明军无后续部队，于是立即抓住战机，令精锐骑兵分两边出击，一部分呐喊而下杀入明军大阵，一部分绕到敌后将其分割包围。农民军漫山遍野，杀声震天，经此一役，张献忠歼灭了大部明军。

接着，张献忠又乘东路官军防务空虚之隙，率军东下，抢在官军之前占领湖北重镇当阳。张献忠侦知杨嗣昌总部所在地襄阳兵力空虚，就趁机直趋襄阳。途中，遇到杨嗣昌派往湖北的使者，张献忠杀掉使者并取其军符，同时派小队精骑打扮成明军，持明军符潜入襄阳城内。二月六日晨，张献忠率主力神兵天降于襄阳城下，与潜伏于城内的农民军里应外合，一举攻占襄阳。

杨嗣昌回救襄阳途中得知明军惨败情况，自知死罪难逃，遂畏罪自杀。至此，明统治者再也无力组织对农民军的围剿，完全陷入被动挨打的境地。

敦刻尔克大撤退

1940 年 5 月，法西斯德国经过长期的精心战备，突然不宣而战，“闪击”欧洲。

当时，德军共出动 250 万兵力，坦克 3000 多辆，飞机 4500 架，分为 A、B、C 三个集团军群。具体任务是：A 集团军群向法国北部的圣康坦、阿布维尔方向进攻；B 集团军群占领荷兰全境和比利时北部；C 集团军群在法国莱茵河一线向马其诺防线实施佯动，以牵制法军。

另一方，由荷、比、法、卢、英组成的盟军共 135 个师，3000 余辆坦克，1300 余架飞机，在力量上处于优势，但由于当时各国思想不一致，准备不充分，且行动迟缓，又错误地将主力部署在马其诺防线以北，企图依靠堡垒御敌。

5 月 10 日，德 B 集团军群突破盟军防线，进入比利时领土。15 日，荷兰投降。17 日，德军占领比利时首都布鲁塞尔。与此同时，德 A 集团军群以西南为主突方向，以装甲集群为先导，进入法国切断盟军后路，盟军被迫背朝大海防御。至 5 月 24 日早晨，英、法、比军队被全部压缩在敦刻尔克的袋形阵地上，形势万分危急。

退守在敦刻尔克的盟军三面受敌，一面濒海，活动范围只有 60 平方公里，处境极其危险，唯一的出路就是从海上撤到对岸的英国，但该港口很小，最多只能撤出 45000 人。盟军正危在旦夕之际，希特勒突然下令坦克部队停止追击，而把歼灭敦刻尔克盟军的任务交给了德空军。盟军这才得以匆匆沿敦刻尔克地域组织起一道环形防御工事，为撤退做好相关准备工作。

5 月 28 日，在英皇家空军的配合掩护下，800 多艘奇形怪状、动力各异的船只组成“联合舰队”，开始向敦刻尔克集结，拉开了历史上最惊人的撤退序幕。在敦刻尔克港的外围，法军沿环形防御工事抗击着德军强有力的进攻。

英国军民经过10多天的艰苦奋战，成功地从德军重兵的三面包围中撤出33.8万人，其中有21.5万英军，12.3万法军和比利时军队。敦刻尔克大撤退被认为是人类战争史上的一大奇迹。此次撤退虽然不是一次胜利，却使30多万盟军幸免于难，并为4年后盟军反攻欧洲大陆直至夺取“二战”的最后胜利保存了强有力的力量。

跋

原文

夫战争之事，其道多端。强国、练兵、选将、择敌，战前战后一切施为[1]，皆兵道也。惟比比者，大都有一定之规，有陈例可循，而其中变化万端，诙诡奇谲，光怪陆离，不可捉摸者，厥为对战之策。三十六计者，对战之策也，诚大将之要略也。闲尝论之，胜战、攻战、并战之计，优势之计也；敌战、混战、败战之计，劣势之计也。而每套之中，皆有首尾次

译文

有关战争问题，所涉及的内容很多。增强国力、训练军队、选拔将领、选择作战对象，凡战前战后的各种活动，都属于军事斗争的范围。所有的这一切，大都有可遵循的规则，也有一些成功或失败的案例可资借鉴，但是其中变化万端、奇谲诡诈、千奇百怪、不可捉摸的战场情况，就属于作战策略的范畴了。三十六计就是这类对敌作战的谋略和对策，也的确是高级将领必须掌握的用兵要诀。我闲暇时曾对此作过一些探讨，认为“胜战”“攻战”“并战”这三套计谋，属于优势条件下对敌作战的策略；“敌战”“混战”“败战”这三套计谋，属于劣势条件下对敌作战的策略。而每一套计谋，都有它的首尾和次序。六套对

第。六套次序,亦可演[2]以阴……(原文下缺)

策的次序，也可以用阴阳变化的原理加以推演……（原文下缺）

注释

1 施为:行为,活动,举措。

2 演:推演,推理。

图书在版编目(CIP)数据

三十六计/孙建民,黄朴民,马瑞导读、注译.—长沙:岳麓书社,2023.10(2025.4 重印)

(古典名著全本全注全译)

ISBN 978-7-5538-1931-0

Ⅰ.①三…　Ⅱ.①孙…②黄…③马…　Ⅲ.①《三十六计》—注释②《三十六计》—译文　Ⅳ.①E892.2

中国国家版本馆 CIP 数据核字(2023)第 165378 号

SANSHILIU JI

三十六计

导读注译:孙建民　黄朴民　马　瑞

责任编辑:陈文韬　肖　航

责任校对:舒　舍

封面设计:罗志义

岳麓书社出版发行

地址:湖南省长沙市爱民路 47 号

邮编:410006

版次:2023 年 10 月第 1 版

印次:2025 年 4 月第 2 次印刷

开本:890mm×1240mm　1/32

印张:8.875

字数:258 千字

ISBN 978-7-5538-1931-0

定价:36.00 元

承印:湖南省众鑫印务有限公司

如有印装质量问题,请与本社印务部联系

电话:0731-88884129